DÉSIGNATION

ESTAMPES
De diverses Ecoles

AREN (J. Van).

1. Les Paysans en conversation ; l'Homme portant un paquet sur le dos ; la Pêche aux écrevisses ; le Repos des voyageurs; B. 18-21. Suite de 4 beaux paysages d'après Herman Saft-Leven. Superbes épreuves avec marges.

ALBERTI (Cherubino).

2. Sainte Madelaine enlevée au ciel par des anges. B. 63. Très-belle épr.

3. Le pape Grégoire XIII. 122. Très-belle épr., signée deux fois au verso P. Mariette, 1660 et 1665. *D. 8*

4. Henri IV roi de France, dans un cartouche richement ornementé. In-fol. Très-belle épr. *D. 10*

ALDEGRAVER (Henri).

5. L'Annonciation. B. 38 ; La Nativité, 39. 2 pièces formant pendant. Très-belles épr.

6. Titus Manlius faisant trancher la tête de son fils. 72. Belle épreuve. *E. 6*
   L'instrument du supplice est une guillotine.

ALIX (*P. M.*).

7. Le Vacher de Charmois, l'une des victimes du 2 septembre 1792, d'après Violet. Charmant portrait in-8°, en couleur. *Rare.*

ALTDORFER (*Albert*).

8. La Vierge debout sur le croissant. B. 11. Très-belle épr.

9. La Vierge apportant l'Enfant Jésus, pour le mettre dans un berceau préparé par sainte Anne. B. 14. Très-belle épr.

10. Jésus apparaissant aux saintes femmes. 36. Petite pièce sur bois.

ALMELOVEEN (*J.*).

11. Une montagne sur laquelle on voit à mi-côte un village. B. 26. Très-belle épr., avant que la montagne du fond à gauche ait été terminée.

ANDROUET DUCERCEAU.

12. Petites arabesques, 1550, titre et 3 pièces; une grande arabesque; cariatides. En tout 6 pièces.

13. Château de Chambord; Coussi; Anet; Les Tuileries; Saint-Germain; Vincennes; Le Louvre; 11 pièces.

ANONYMES.

14. XVI⁰ siècle. André Doria noble Gênois, vue de profil, tourné à droite, in-fol. sur bois. Camaïeu.

15. Jean d'Autriche, fils de Charles-Quint. In-4° dans un ovale, avec encadrement ornementé.

16. Une Renommée debout sur un lion, tend une couronne au-dessus de deux médaillons où sont représentés Alexandre et Côme de Médicis. In-4°, gravé par Martin Rota. Très-belle épr.

17. Ronsard et sa maîtresse, en regard l'un de l'autre; pièce sur bois.

CATALOGUE

D'UNE

BELLE COLLECTION

D'ESTAMPES

ANCIENNES ET MODERNES

DES DIVERSES ÉCOLES

LITHOGRAPHIES ET DESSINS

COMPOSANT LA

COLLECTION DE FEU M. F. SOLEIL

caissier principal de la Banque de France,
chevalier de la Légion-d'honneur

DONT LA VENTE AUX ENCHÈRES PUBLIQUES AURA LIEU

HOTEL DES COMMISSAIRES-PRISEURS

Rue Drouot, n° 5, Salle n° 4

AU PREMIER ÉTAGE

Le Lundi 15 Janvier 1872 et les dix jours suivants

A UNE HEURE PRÉCISE

Par le ministère de Me **M. DELBERGUE-CORMONT**,
Commissaire-Priseur, rue de Provence, 8,

Assisté de **M. CLÉMENT**, Md d'Estampes de la Bibliothèque Nationale,
rue des Saints-Pères, 3,

Chez lesquels se distribue le présent Catalogue.

EXPOSITIONS PUBLIQUES

Les dimanches 14 et 21 janvier 1872, de une heure à cinq heures

PARIS — 1872

CONDITIONS DE LA VENTE :

Elle sera faite au comptant.

Les Acquéreurs payeront, en sus des adjudications, CINQ POUR CENT applicables aux frais.

L'ordre du catalogue sera suivi.

Il sera vendu environ deux cent-vingt numéros chaque jour.

CE CATALOGUE SE DISTRIBUE :

à Paris	Chez MM.	DELBERGUE-CORMONT, rue de Provence, 8.
—	—	CLÉMENT, rue des Saints-Pères, 3.
à Dresde	—	E. ARNOLD, Marchand d'Estampes.
à Francfort s.-Mein.	—	PRESTEL, Marchand d'Estampes.
à Leipsick	—	DRUGULIN, Marchand d'Estampes.
à Londres	—	COLNACHI et Cie, March. d'Estampes.
—	—	HOLLOWAY, Marchand d'Estampes.
—	—	GRAVES, Marchand d'Estampes.
à Munich	—	MONTMORILLON (J. Maillinger).
à Stuttgart	—	GUTEKUNST, Marchand d'Estampes.
à Vienne	—	Alex. POSONTI, Marchand d'Estampes.
—	—	ARTARIA et Cie, March. d'Estampes.
à Berlin	—	AMSLER et BUTHARDT.

ANONYMES.

Autre portrait de Ronsard, dans la manière de Léonard Gaultier.

18. XVIIᵉ siècle. Généalogie des rois de France, depuis saint Louis et Marguerite de Provence, jusqu'à Louis XIII et Anne d'Autriche. Belle pièce en 3 planches. Très-belle épr.

19. Pierre Moreau. In-4°. Très-belle épr.

20. Louis XIV enfant dans un médaillon rond, avec entourage de légendes.

21. Antoine Rossignol, maître des comptes. In-fol.

22. Pierre de Mory, caissier général de la caisse des Indes. In-8°. Belle épr.

23. XVIIIᵉ siècle. Barthélemy Breenberg. In-4°. Très-belle épr.

24. Les convulsionnaires du cimetière Saint-Médard, conduits à la Bastille.

25. Malversations punies par la Chambre de justice de Paris, 1716.

26. Comte et comtesse de Cagliostro. In-4°, 2 pièces en couleur.

27. Le général Dumouriez, vu de face dans un médaillon ovale. In-8°. *Rare*. Très-belle épr.

28. Charrette dans un médaillon rond, au-dessous duquel on voit une charrette.

ANTOINE (*Sébastien*). A Nancy, 1729.

29. Le révérend père D. Augustin Calmet. In-fol. *Rare*. Très-belle épr. 3

ARDEL (*Mac*).

30. La mère de Rembrandt, d'après Rembrandt. Très-belle épr.

ARNAULT (*N.*).

31. Femme de qualité étant à ses nécessités ; femme de qualité attendant visite ; déshabillé de chambre, par Bonnard ; duchesse de Savoye par Berey. 4 pièces.

AUBRY (*Abraham*).

32. Entrée de Louis XIV et de Marie Thérèze, à Paris, le 26 août 1660. Dans le haut, les portraits du Roi et de la Reine. Pièce rare ; avec légende.

AUDRAN (*B.*).

33. Molière, d'après P. Mignard. In-8°. Très-belle épr.

34. Bernard de Montfaucon, de la congrégation de Saint-Maur, d'après Geuslin. In-fol. Très-belle épr.

AUDRAN (*Gérard*).

35. Martyre de saint Sébastien, d'après Annibal Carrache. Très-belle épr., avant toute lettre.

36. Jordanus Hilling. In-4°. Très-belle épr.

AUDRAN (*J.*).

37. Camille Letellier, abbé de Louvois, d'après Rigaud. Charmant petit portrait. Très-belle épr.

AVELINE.

38. Perspectives du pont Notre-Dame ; du pont au Change ; place Royale, place Louis-le-Grand, intérieur de Notre-Dame de Paris. 5 pièces. Très-belles épr.

BAILLIE (*capitaine*).

39. William prince d'Orange, d'après Terburg. Très-belle épr.

BAILLAG (*P. de*).

40. Honoré Durfé, d'après Van Dyck. Très-belle épr., avec l'adresse de Meyssens.

BAKHUISEN (*Louis*).

41. Son portrait à la manière noire. Très-belle épr.

42. Un vaisseau faisant voile vers la droite. B. 2. Un grand vaisseau s'avançant à toutes voiles. 4. Marine, avec la vue d'Amsterdam dans le lointain. 5. Vue d'une partie de port de mer. 9. 4 pièces. Très-belles épr.

BALDINI (*Baccio*).

43. L'Enfer. B. 59. Belle épr.

BALECHOU (J.).

44. Sainte Geneviève patronne de Paris, d'après C. Vanloo. Très-belle épr., avant les raies, et avant que le
jupon ait été rallongé.

45. Le P. Porée, de la Société de Jésus, d'après Neilson.
Très-belle épr.

BALESTRA (*Antoine*).

46. La Vierge tenant sur ses genoux l'Enfant Jésus. B. 1.
Très-belle épr.

BAOUR.

47. Pierre Goudelin, poëte gascon. In-8°. Très-belle épr.

BARGAS.

48. Une foire de village, d'après P. Bout. Très-belle épr.

BARTOLOZZI (*F.*).

49. Jeune mère instruisant son enfant, d'après R. Cos-
way. Très-belle épr.

50. Miss Bingham, d'après Joshua Reynolds, en couleur.
Très-belle épr.

BARTSCH (*Adam*).

51. Terburgi. — Ferdinand Bol. 2 pièces. Très-belles
épr. avant la lettre.

BARY (H.).

52. Vieille femme vidant un pot par une fenêtre, d'après
Mieris. Superbe épr. du premier état, avant l'adresse
de Koning.

BAUDET (*Étienne*).

53. Charles Perrault, contrôleur des bâtiments du roy,
d'après Lebrun. In-fol. Très-belle épr.

BAUDOIN (*d'après*).

54. Le Soir, gravé par de Ghendt. Très-belle épr.
55. Le Modèle honnête, gravé par Moreau jeune. Épr. d'eau-forte. *Rare.*
56. La même pièce, terminée par Simonet. Très-belle épr. avec marges.

BAZIN (*Nicolas*).

57. Portrait de Barème. In-4°. *Rare.* Très-belle épr.
58. Armand-Jean le Bouthillier de Rancé, abbé de la Trappe, d'après Rigaud. In-fol. Très-belle épr.
59. Le père Jean Crasset, de la Compagnie de Jésus. In-fol. Très-belle épr.

BEGA (*Corneille*).

60. Le Pëysan allumant sa pipe. 20. — Les deux Amoureux. 25. — La Mère. 28. 3 pièces. Très-belles épr.

BEHAM (*Barthélemy*).

61. Judith à mi-corps, vue de profil et tenant la tête d'Holopherne. B: 4. Très-belle épr.
62. Combat d'hommes nus, à pied et à cheval, belle pièce en forme de frise. Au milieu du haut est une banderole avec les mots : Titus Gracchus. B. 17. *Très-rare.* Epr. superbe.

BEHAM (*Hans-Sebald*).

63. Ève vue de face. 1523. Elle est debout, un lion est couché à ses pieds. B. 4. *Rare.* Très-belle épr.
64. Adam et Ève près de l'arbre de vie qui est figuré par la Mort autour de laquelle est enroulé le serpent. B. 6. Épr. superbe.
65. Adam et Ève chassés du Paradis. 7. Épr. superbe.
66. La Vierge debout sur un croissant, tenant dans ses bras l'Enfant Jésus. 17. Épr. superbe.
67. Les douze Apôtres. 43-54. Suite de 12 pièces. Très-belles épr.

BEHAM (*Hans Sebald*).

68. Saint Sébalde. 1521. 65. Très-belles épr.

69. L'Enlèvement d'Hélène. 70. Composition de 13 figures en forme de frise. Épr. superbe.

70. Cimon nourri par sa fille. 74. Belle épr.

71. Une Femme implorant la justice de Trajan. 82. Superbe épr. du premier état, avant l'année à la suite du monogramme. *Rare.*

72. Le Jugement de Pâris. 89. Épr. superbe.

73. Léda. 112. Jolie petite pièce. Très-belle épr.

74. Infortunium. 141. Très-belle épr.

75. *Impossibile.* 145. Très-belle épr.

76. La Mort se saisissant d'une femme nue et debout. 150. Épr. superbe.

77. La Mort et les trois Sorcières. 151. Très-belle épr.

78. Le Porte-Enseigne et le Tambour. 199. Très-belle épr.

79. La Femme se baignant les pieds. 207. Pièce libre. Épr. superbe.

80. La Femme couchée, vue par le dos. 215. Très-belle épr. du premier état, avant l'inscription : *S. Johanes Crisostmus,* et avant le monogramme du maître.

81. La même pièce. Très-belle épr. du troisième état.

82. Deux Génies assis sur des animaux chimériques. 236. Très-belle épr.

83. Adam et Ève. 1529. B. 1. Des pièces faussement attribuées. Suivant l'opinion de Bartsh, cette estampe, qu'il considère comme très-belle, aurait été gravée par un autre maître, probablement d'après le dessin de Sebald Beham. Très-belle épr.

BELLA (*Et. de la*)

84. Saint Prosper. Très-belle épr.

85. Montjoye-Saint-Denis, roi d'armes de France. *Rare.* Très-belle épr.

BELLA (*Et. de la*).

86. Perspective du Pont-Neuf. 1646. Pièce capitale de Labelle. Très-belle épr., avant le coq sur le clocher de Saint-Germain-l'Auxerrois.

87. Sujets sur la Mort, ovales. 5 pièces. Sur deux de ces pièces, les fonds représentent l'église et le charnier des Innocents. Très-belles épr.

88. La Mort à cheval sur un champ de bataille.

89. Le Florentin à la chasse, jolie pièce. Très-belle épr.

90. Place Royale à Paris, jolie petite pièce. Très-belle épr.

91. Divers Paysages dédiés à Louis de Bourbon, duc d'Enghien. Suite de 12 pièces. Très-belles épr.

92. Bataille des Amalécites. — Fuite en Égypte. — Rébus, scène de Satyres, etc. 12 pièces. Très-belles épr.

93. Dialogo di Galileo Galilei. Très-belles épr.

94. 1644. Marche de troupes et convois. Grande pièce en largeur. Château Saint-Ange. 2 pièces. Très-belles épr.

BEREY (*Chez*).

95. Madame la duchesse du Maine en pied. Très-belle épr.

BERGHEM (*Nicolas*).

96. La vache qui pisse B. 2. Superbe épreuve avant l'adresse de *F. de Wit*, avec grandes marges.

97. Les trois vaches au repos. 3. L'un des plus beaux morceaux du maître. Très-belle épreuve du deuxième état *avant les* mots : *N. Berghem F. Rare.*

98. Le pâtre jouant du flageolet. 6. Très-belle épreuve.

99. Le troupeau traversant le ruisseau. 9. Très-belle épr.

100. Une vache vue de profil et dirigée vers la gauche. 25. — Une vache également dirigée vers la gauche. 28. 2 pièces de la suite des vaches à la laitière. Très-belles épr.

BERTHET (*L.*).

101. Nic. Ed. Restif, d'après Binet, in-4°. Belle épr.

BERVIC.

102. Saint Jean Baptiste, d'après Raphaël.

103. Enlèvement de Déjanire, d'après le Guide. Très-belle épr.

BISCAINO (*Barthélemy*).

104. Moïse sauvé des eaux. B. 2. Saint-Jérôme. 34. 2 pièces. Belles épr.

BLOEMAERT (*C.*).

105. La Vierge et l'enfant Jésus. Jolie petite pièce, d'après Ab. Bloemaert.

BLOIS (*A. de*).

106. Hortense Mancini, duchesse de Mazarin, d'après P. Lely, charmant portrait in-4° à la manière noire. Épreuve superbe.

BLOOTELING (*A.*).

107. François Miéris, in-4° à la manière noire. Epreuve superbe.

108. Marquis de Mirabelle, d'après Van Dyck. Très-belle épr.

109. Composition de quatre figures, parmi lesquelles une femme nue vue de dos et tenant une flûte, d'après le Giorgion. Très-belle épr.

BOIS.

110. XVIᵉ siècle. Adam et Ève mangeant le fruit défendu, furent chassés du paradis; *Imago mortis*. On voit à gauche la Mort jouant de la flûte et trois morts causant. Au loin un autre mort soulève son linceul. 2 pièces avec texte au verso.

111. XVIᵉ siècle. La Nativité; Fuite en Égypte. 2 pièces tirées d'un livre d'Heures, miniaturées.

BOIS.

112. XVIe siècle. Philibert Delorme, architecte. In-4°.
Rare.

113. XVIe siècle. André Vesale ; le même personnage. Iu-8°
sur cuivre. André Thenet. 3 pièces.

BOISSARD (*Jean-Jacques*).

114. Louise et Nicole de Vienne, en regard l'une de l'autre,
sur la même feuille.

BOISSEAU (*exc.*).

115. Face du derrière du Louvre. Belle épr.

BOISSIEU (*J.-J. de*).

116. Vue du grand chemin de Fontainebleau à Boaron.
Très-belle épr.

117. Vue du château de Madrid. Très-belle épr.

118. Paysage avec hangar rustique à gauche. Très-belle
épr. Autre paysage où l'on voit sur le devant une
femme conversant avec deux hommes.

119. Troupeau suivi d'un berger, traversant un gué. Très-
belle épr.

120. Les grands charlatans, d'après Carle Dujardin. Superbe épreuve avant l'astérisque.

121. La Leçon de botanique. Jolie petite pièce. Très-belle
épr.

122. Le Dessinateur, charmant paysage. Très-belle épr.

BOL (*Ferdinand*).

123. Le Sacrifice de Gédéon. C. 2. Belle épr.

124. L'astrologue. In-8°. Très-belle épr.

125. Portrait d'officier coiffé d'une toque garnie de plumes.
12. Très-belle épr.

126. Homme à la toque. 14. Très-belle épr.

127. La femme à la poire. 16. Très-belle épr.

128. Portrait de jeune femme dans un ovale. 17. Très-
belle épr.

BOLSWERT (S. A.).

129. Sainte Famille, petite pièce. Très-belle épr.

130. Adrien Brauwer, d'après Van Dyck. Superbe épreuve avant toute lettre. *Très-rare*.

131. Le même. Très-belle épr. avec l'adresse de Martin Vanden Eden.

132. Marguerite, princesse de Lorraine, duchesse d'Orléans, d'après Van Dyck. Très-belle épreuve, avec les initiales *G. H. (Gilles Hendrich)*.

133. Maria Ruten, d'après Van Dyck. Très-belle épr.

134. Pierre Lhermite, in-4°. Très-belle épr.

135. Saint Ignace de Loyola, saint François-Xavier, saint Louis de Gonzague. 3 pièces in-fol. Très-belles épr.

BONASONE (J.).

136. La Coupe d'or de Pharaon, trouvée dans un sac de blé. B. 6. Très-belle ép.

BONASONE (manière de).

137. Michel-Ange Buonarotti. Belle épr.

BONNART (N.).

138. Cérémonie du mariage du duc de Bourgogne avec la princesse Marie-Adélaïde de Savoie, dans la chapelle de Versailles, le 7 décembre 1697. *Rare*. Très-belle épr.

139. Louis XIV, Monsieur, frère unique du roi ; Louis dauphin, duc de Bourgogne, duc d'Anjou, duc de Berri, comte de Toulouse, Lulli, Louvois, Catinat, Tourville. 12 pièces.

140. La marquise de Montespan, la duchesse de Nevers, duchesse de Roquelaure, duchesse de Lesdiguières, marquise de Richelieu, comtesse du Roure, Marie-Anne légitimée de France, fille de Louis XIV. 7 portraits en pied.

BONNARD (N.).

141. La marquise de Polignac, la marquise de Bellefons;
2 portraits en pied. Très-belles épr.

142. Les Cinq Sens, suite de 5 pièces.

BONNET (Louis).

143. La comtesse Dubarri. 1769. Joli portrait in-8° à plusieurs crayons.

BONVALET.

144. Portiques de l'exposition, d'après Bance. Très-belle épr., plus 3 petites pièces, place Louis-Quinze et Projet par Marvye. En tout 4 pièces.

BOOM (A. H. V.).

145. Le hameau. B. 1. La pièce d'eau. 2. — 2 charmants paysages, et les seules pièces que l'on connaisse du maître. *Rares.*

BORCHT (Henri Vander).

146. Jésus mis au tombeau, d'après Raphaël. Très-belle épr.

BORNET (à Paris chez).

147. Coup d'œil exact de l'arrangement des peintures au Salon du Louvre en 1785. Superbe épreuve avant toute lettre. *Très-rare.*

148. La même pièce. Très-belle épr. avec la lettre.

BOSIO.

149. La Bouillotte, belle pièce à costumes, coloriée. *Rare.*

BOSSE (Abraham).

150. L'Enfant prodigue. D. 34-39. Suite de 6 pièces, l'une des plus belles du maître. Très-belles épr.

151. Les vierges sages et les vierges folles 43-49, les n°s 2, 3, 5, 6 et 7 de la suite. 5 pièces. Très-belles épr. ∅

152. Les œuvres de miséricorde, 50-56. Suite de 7 pièces. Très-belles épreuves, l'adresse de Leblond. ∅

BOSSE (*Abraham*).

153. Préparation du soldat chrétien au combat spirituel. 216. Très-belle épr.

154. Les quatre âges, 1046. Belle composition en forme d'éventail. *Rare.* Très-belle épr.

155. Le Toucher. 1075. La virilité. 1080. 2 pièces. Belles épr.

156. Les quatre saisons. 1082-1085. Suite de 4 pièces. Belles épr.

157. Cérémonie observée au contrat de mariage passé à Fontainebleau le 25 septembre 1645 entre Vladislas IV, roi de Pologne, et Louise-Marie de Gonzague. N° 1223, l'une des pièces capitales du maître. Épreuve superbe avec grandes marges.

158. Les Vœux du roi Louis XIII et de la reine, à la Vierge. N° 1225. Belle épr.

159. La joie de la France. N° 1226. Au milieu de l'estampe, la France revêtue du manteau royal, tient le dauphin entre ses bras. Très-belle épr.

160. Les forces de la France. N° 1228. Vers le milieu, on voit Louis XIII et Gaston d'Orléans à cheval. Très-belle épr.

161. Jacques Callot. 1234. Très-belle épreuve du troisième état. — Le même par Michel Lasne. 2 pièces.

162. Louis XIII, en buste, au milieu de deux palmiers entrelacés. 1239. Très-belle épr.

163. Louis XIII à genoux devant un autel. 1240. Très-belle épr. du deuxième état.

164. L'infirmerie de l'hôpital de la Charité de Paris. N° 1266. Magnifique épreuve, avec marges.

165. La Galerie du Palais. N° 1267. Des gentilshommes viennent avec des femmes au bras acheter des éventails et des dentelles. Très-belle pièce du maître. Superbe épreuve du premier état. *Extrêmement rare.*

BOSSE (*Abraham*).

166. L'hôtel de Bourgogne, n° 1268. A gauche, Turlupin
met la main dans la bourse de son voisin ; à droite
Gros-Guillaume avec une femme. Pièce des plus intéressantes du maître. *Rare.* Épreuve superbe. ♂.

167. Un jeune seigneur assis, jouant du luth. N° 1362.
Très-belle épr.

168. Le mariage à la ville. 1374-1379. Très-belle suite de
6 pièces. *Très-rare* à trouver complète. Épreuves
superbes. ♂

169. Le mariage à la campagne. 1380-1382. Suite de 3
pièces. Superbes épr., avec l'adresse de Leblond. ♂

170. Le mari qui bat sa femme, et la femme qui bat son
mari. 1383-1384. 2 pièces. Très-belles épr. ♂

171. Le peintre, le sculpteur, le graveur et l'imprimeur.
1385-1388. Suite de 4 pièces. Très-belles épr. ♂

172. Le maître d'école. N° 1389. Épreuve superbe, avec
marges.

173. La Saignée. N° 1391. Magnifique épreuve avec
marges.

174. Le Clystère. N° 1392. Très-belle épr., avec marges.

175. Le Cordonnier. N° 1394. Très-belle épr.

176. Le Savetier à son atelier avec sa femme et trois ou-
vriers. N° 1395. Très-belle épr.

177. Le Barbier. N° 1396. Très-belle épr.

178. Le Pâtissier. N° 1397. *Premier état non décrit avant
toute lettre. Extrêmement rare.* Épreuve superbe. ♂

179. Les femmes à table en l'absence de leurs maris.
N° 1399. Charmante pièce. Épreuve superbe.

180. Le Bal. Au milieu, un jeune homme et une jeune
femme se tiennent par la main et se disposent à
danser ; tandis qu'à leur droite et à leur gauche, des
groupes de gentilshommes et de dames conversent

entre eux. N° 1400. Charmante pièce à costumes.
Très-rare de cette beauté.

181. Michel Larcher, président de la chambre des comptes, in-8°. Très-belle épr.

BOTH (*André*).

X 182. Le Toucher; charlatan arrachant une dent à un paysan. B. 15. Très-belle épr.

BOTH (*Jean*).

X 183. La Femme montée sur un mulet. B. 1. Très-belle épr. avant que le nom de Matham ait été effacé.

184. Le Chariot attelé de bœufs. B. 2. Très-belle épr., avant que l'adresse de Matham ait été effacée.

185. Le grand arbre. B. 3. Très-belle épr., avant que l'adresse de Matham ait été effacée.

186. Le Pont de pierre. B. 5. Très-belle épr. du 1er état, avant le nom du maître.

187. Les deux vaches au bord de l'eau. 8. Superbe épr. du 1er état, avant le nom du maître.

BOUCHER (*François*).

188. La petite reposée, jolie pièce. Superbe épr. du 1er état, avant la lettre, avec marges.

189. La même pièce. Très-belle épr., avec la lettre.

190. Les Enfants endormis ; les Buveurs de lait ; l'Enfant tenant une cage et un oiseau ; l'Enfant tenant un bâton. Jolie suite de 4 pièces. Très-belles épr., avant que l'adresse d'Odieuvre ait été effacée.

— L'Enfant tenant une cage, avec l'adresse chez Roguié.

191. Enfant tenant un oiseau et une cage. Très-belle épr.

192. Antoine Watteau d'après lui-même. Beau portrait in-fol., à l'eau-forte. Très-belle épr., avec marges.

BOUCHER (*d'après*).

193. Petits Amours jouant au colin-maillard. Jolie petite pièce gravée par Chedel. Très-belle épr.

194. Un homme endormi; près de lui, un homme à demi couché. Pièce gravée par Mme Boucher. Très-belle épr.

195. Vénus et l'Amour, gravé par Michel Aubert. Très-belle épr.

196. Mme Favart dans *Ninette à la cour*, gravé par Lebàs. Jolie petite pièce. Superbe épr. avant la lettre.

197. Jeune femme faisant un geste, gravé par Huquier fils. Très-belle épr.

198. Dom Garcie de Navarre, l'Amour médecin, l'Avare, le Dépit amoureux. 4 pièces gravées par Laurent Cars.

BOULANGER.

199. David Laigneau, médecin ordinaire du roi. In-4°. Très-belle épr.

200. Mademoiselle Le Gras, fondatrice et première supérieure des Filles de la Charité. In-8°. Très-belle épr.

201. Marie-Thérèze, femme de Louis XIV. Charmant portrait, in-8°. Très-belle épr.

202. Jean Regnault de Segrais, d'après Flamen. In-4°. Très-belle épr.

BOULOGNE père (*Louis de*).

203. La Vierge au mur. R. D. 2. Très-belle épr.

BOURDON (*Sébastien*).

204. Le Retour de Jacob. R. D. 1. Très-belle épr., du premier état.

BOUT (*Pierre*).

205. Les Marchandes de poissons. B. 1. Très-belle épr.

206. Les Patineurs. 2. Très-belle épr.

27. Le Traîneau. 3. Très-belle épr.

BOUT (*Pierre*).

208. Les Chasseurs. 4. Épreuve superbe.

2 9. La Jetée. 5. Épreuve superbe. *Ce morceau est très-rare.*

210. Foyer du théâtre Montansier d'après Binet. Petite
pièce à costumes.

BOYVIN (*René*).

211. La Nymphe de Fontainebleau, d'après le Rosso. R. D.
18. Très-belle pièce.

212. Jupiter et Antiope, d'après Lucas Penni. 71. Belle épr.

213. Jean Hus. R. D. 108. Très-belle épr. du deuxième
état.

214. Clément Marot. R. D. 111 ; le même personnage par
Th. de Bry et par M. Delaunay, d'après Holbein. 3
pièces.

215. Clément Marot. R. D. 113. *Rare.* Superbe épreuve.
C'est le plus beau portrait qui existe du personnage

B. P.

216. 1690. Etienne Picart, dit le Romain, d'après Velu,
in-4°. Très-belle épr.

BROESSER (*L.*).

217. Marchandes de poisson, d'après Van Goyen. Très-
belle épr.

BRAWER.

218. Un paysan comptant de l'argent. Très-belle épr.

BREBIETTE (*Pierre*).

219. Son portrait dans un médaillon ovale, petit in 4°
oblong. Antoine Quesnel, peintre, 2 pièces. Très-belles
épr.

220. S. Maria ; Martyre de sainte Catherine ; Enlèvement
d'Europe, Jugement de Pâris ; le Char des Amours,
frises. 12 pièces.

BREBRIETTE (*Pierre*).

221 2 compositions, d'après Paul Véronèse. Très-belles épr.

222. Ovide dans un encadrement ornementé. Belle épr.

BREENBERG (*Barthélemy*).

223. Les Satyres. B. 20. Fort jolie pièce, où l'on voit dans le fond à gauche les ruines d'un vaste bâtiment avec arcades. Très-belle épr.

BREUGEL (*Pierre*).

224. 1553. Un paysage. Dans le ciel en haut à droite, on voit Mercure et une déesse. La Foi. Épreuve superbe. 2 pièces.

BRIL (*Paul*).

225. Un paysage. 1590. Très-belle épr.

BRION.

226. Costumes de modes. 9 pièces. Mademoiselle Pompon regrettant les fédérés. En tout 10 pièces.

BRY (*Th. de*).

227. Les Noces d'Isaac et de Rebecca, pièce en forme de frise. Très-belle épr.

228. Triomphe du Christ, belle pièce en forme de frise. Épreuve superbe.

229. La Fête de village, jolie pièce. Très-belle épr.

230. Danse de paysans, jolie pièce. Très-belle épr.

231. La fontaine de Jouvence, charmante pièce du maître.. Épreuve superbe.

232. Un bal à Venise, très-jolie pièce à costumes, de forme ronde. Épreuve superbe.

233. La même pièce. Belle épr.

234. Dés et autres ornements, 3 pièces, dont deux à plusieurs motifs. Très-belle épr.

BRY (*Th. de*).

235. Soucoupes. 4 pièces de forme ronde sur chacune desquelles sont les effigies de trois empereurs romains, avec fond ornementé. Épreuves superbes.

236. Soucoupes. Le capitaine Prudent, le capitaine des Folies, Orgueil et Folie. 3 pièces de forme ronde, richement ornementées. Très-belles épr.

237. Manches de couteaux. 3 pièces à deux sujets sur la même feuille. Très-belle épr.

CABEL (*Adrien Vander*).

238. Frontispice au terme de Pan. R. 1. Très-belle épr. d'un premier état *non décrit*, avant l'inscription sur le socle. *Rare.*

239. Titre: *A. P. R. M. Egregy fuere pictores Rome anno* 1673. Suite de 8 paysages numérotés au bas de la droite. Chaque pièce porte sous le trait carré à gauche: *A. Vander Cabel inv.*

CALAMATTA (*L.*).

240. Ingres à ses élèves. 1825. Très-belle épr.

241. Paganini; L. A. Duclos-Marcotte, 2 portraits d'après Ingres.

CALETTI, *dit le Crémonèse.*

242. David portant la tête de Goliath. B. 3. Belle épr. sans marges.

243. Dalila se préparant à couper les cheveux de Samson. B. 4. Très-belle épr.

244. Saint Roch. B. 5. Très-belle épr. du premier état.

245. Pièce représentant une princesse tenant un sceptre, et un jeune prince tenant un bâton de commandement. 24. Très-belle épr.

CALLOT (*Jacques*).

246. Le passage de la mer Rouge, Meaume. 1. Très-belle épreuve du premier état.

CALLOT (*Jacques*).

X 247. Elie et la veuve de Sarepta, ou le miracle d'Elie, *Meaume*. 2. *Rare*. Très-belle épr.

X 248. Le Massacre des innocents, première planche gravée à Florence. 5. Très-jolie pièce. Superbe épreuve du premier état, avant toute lettre. *Rare*.

249. Le Massacre des innocents, deuxième planche. 6. Très-belle ép. du deuxième état.

X 250. Le Sauveur, 3-6 pièces de la suite des Mystères. 31-36. L'Annonciation. 71. 8 pièces.

X 251. La petite passion. 19-30. Suite de 12 pièces. Superbes épreuves du premier état avant les numéros.

252. Les Mystères de la passion de Notre-Seigneur. 13 compositions, et la vie de la Vierge, sept composi-tions. 31-36. En tout 20 pièces tirées sur trois feuilles. Superbes épreuves du premier état avant toute lettre. *Très-rare*. Plus le titre qui manque presque toujours à cette suite.

X 253. Le Nouveau Testament. 37-47. Jolie suite de 11 pièces, y compris le titre. Très-belles épr. du premier état, avec marges.

254. Les quatre banquets. 48-51. Suite de quatre pièces. Très-belles épr. avant les numéros.

X 255. L'Enfant prodigue. 53-63. Charmante suite de 11 pièces, y compris le titre. Très-belles épreuves du deuxième état avant les numéros.

X X 256. Le Bénédicité. 65. Très-belles épr. du premier état. *M*.

X 257. Sainte Famille d'après André del Sarte. 66. Très-belle épr. du premier état.

X 258. La Vie de la Vierge. Suite de 14 estampes, y compris le titre. 76-89. Très-belles épr. du premier état avant les numéros.

— On y a joint l'Annonciation, n° 71. *Rare*. Très-belles épr.

CALLOT (*Jacques*).

259. Différents sujets, 90-98. Suite de 9 pièces, frontispice, deuxième état ; Judith, Adoration des mages, Hommages du petit saint Jean ; la Résurrection ; l'Assomption, la Conversion de saint Paul, saint Livier. Superbes épreuves du premier état. Jésus-Christ en croix est du deuxième état.

260. Assomption de la Vierge dite au Chérubin, 99. *Très rare*. Très-belle épr.

261. Triomphe de la Vierge, 100. Très-belle épr. du deuxième état.

262. L'Apôtre saint Pierre, 101. Belle épreuve du deuxième état.

263. Saint Jean dans l'île de Pathmos, 102. Très-belle épr. du deuxième état.

264. Saint Paul, assis sur un rocher, 103. Très-belle épr. du premier état.

265. Le Sauveur, la sainte Vierge, les douze Apôtres et saint Paul, 104-119. Suite de 16 pièces. Très-belles épr. avant les numéros.

266. Le Martyre des Apôtres, 120-135. Suite de 16 pièces. Très-belles épreuves du deuxième état avant les numéros.

267. Martyre de saint Laurent, 136, petite pièce ovale. Très-belle épr. du deuxième état.

268. Le martyre de saint Sébastien, 137. Superbe épreuve du premier état.

269. Tentation de saint Antoine, 139. Très-belle épr. du troisième état avant le trait de burin entre le bras et l'aile du démon. Très-belle épr.

270. Saint-Nicolas ou saint Séverin, 140. Le Miracle de saint Mansuy, 141, septième état, 2 pièces. Belles épr.

CALLOT (*Jacques*).

271. Saint François d'Assise, 142, deuxième état. Saint François dans un lis, 143, 2 pièces. Très-belles épr.

272. L'Arbre de saint François, 145. Très-belle épr.

273. Pénitents et Pénitentes, 147-152. Suite de 6 pièces, y compris le titre. Très-belles épr.

274. Les Martyrs du Japon, 155. Très-belle épr. du premier état.

275. Les Péchés capitaux, 157-163. Suite de 7 pièces. Très-belles épreuves du premier état, à l'exception de l'Orgueil, qui est du deuxième état.

276. Les Sacrifices, 164-166. Suite de 3 pièces ovales. *Rares.* Très-belles épreuves.

277. Titre des miracles et grâces de Notre-Dame de Bon-Secours, de Nancy, 197. Très-belle épr.

278. Le Titre aux astrologues, 203. Très-belle épr. du deuxième état. *Rare.*

279. Jean Dominique Peri, 433. Jolie pièce, connue sous le nom du *Jardinier*. Très-belle épreuve.

280. Entrée de Son Altesse à pied, 500. De la suite du Combat à la barrière. Épreuve superbe.

281. Claude Dervet, 505. Très-belle épr. du troisième état.

282. Dieudonné Charles Delorme, médecin, 506. Superbe épreuve du deuxième état. *Rare.* Elle porte au verso la signature de *P. Mariette.* 1672.

283. La Revue, ou le Bataillon, 556. Épreuve superbe.

284. Les petites Misères de la guerre, 557-563. Suite de 7 pièces, y compris le titre. Très-belle épr.

285. Les grandes Misères de la guerre, 564-581. Suite de 18 pièces, l'une des plus belles du maître. Très-belles épreuves avant que les mots *Israël excudit* aient été effacés; avec marges.

CALLOT (*Jacques*).

286. Les Exercices militaires, 582-594. Jolie suite de 13 pièces y compris le titre. Très-belles épreuves du premier état avant les numéros.

287. La Rencontre à l'épée, la Rencontre au pistolet, 595-596. 2 pièces. Très-belles épreuves du premier état, avec marges.

288. La Carrière, ou la rue Neuve de Nancy, 621. Très-belle épr. du premier état.

289. Parterre, ou Jardin de Nancy, 622. Très-belle épreuve du premier état.

290. Le Jeu de boules, ou la Foire de Gondreville, 623, l'une des plus jolies pièces du maître. Très-belle épr. du deuxième état, tirée sur papier à la marque de Lorraine.

291. La même pièce. Belle épr. du même état.

292. Les deux Pantalons, 626. Cette pièce représente deux grotesques de la Comédie-Italienne, et dans le fond, qui est fort joli, des groupes de promeneurs.

293. Balli, ou Cucuruen, 641-664. Suite de 24 pièces, des plus spirituelles du maître. Superbes épreuves du premier état, *tirées quatre par quatre sur la même feuille*, sur papier à la marque de Lorraine. *Extrêmement rare dans cette condition.*

294. Les Supplices, 665. Vue d'une place couverte d'une multitude de personnages, sur laquelle sont représentés les différents supplices infligés au XVIIe siècle. Superbe épreuve, où la tour au-dessous du mot *supplicium*, et la petite statue de la Vierge placée à l'angle de la rue du fond à droite, sont très-apparentes.

295. Le Brelan, 666. Très-belle épr. du deuxième état.

296. Les Bohémiens, 667-670. Suite de 4 pièces des plus belles et des plus intéressantes du maître. Superbes épreuves du deuxième état, où les lointains sont parfaitement distincts.

CALLOT (*Jacques*).

297. La Noblesse, 673-684. Suite de 12 pièces représentant les costumes de la noblesse lorraine vers 1625. On y voit six gentilshommes et six dames. Superbes épreuves du premier état, où les lointains se distinguent parfaitement.

298. La Dévideuse et la fileuse, 671. Deux dames de condition debout, 672. 2 charmantes petites pièces. Très-belles épr. du deuxième état.

299. Les Gueux ou mendiants, 685-709. Suite de 25 pièces. Très-belles épr. du premier état avant les numéros. Le titre est du deuxième état.

300. La petite Treille, 710, dernière planche gravée par le maître. Très-belle épr.

301. La grande Chasse, 711. Magnifique épreuve du premier état, avec les lointains bien distincts, notamment la chasse au sanglier au fond de la forêt à droite.

302. La petite vue de Paris, 712. Très-belle épr. du deuxième état.

303. Les deux grandes vues de Paris, 713-714. Vue du Pont-Neuf, de la Tour et de l'ancienne porte de Nesle; 2 pièces des plus belles et des plus intéressantes du maître. Magnifiques épreuves tirées sur papier à la marque de Lorraine, avant la marque d'Israël Silvestre, et avant que la marge du bas ait été réduite.

304. Les quatre Paysages, 715-718. Cette suite est ce que Callot a fait de mieux dans le genre du paysage. Superbes épreuves du premier état.

305. La Pandore, 729. Très-belle épr. du deuxième état.

306. Les Bossus ou Gobbi, 747-757. Suite de 24 pièces. Superbes épreuves du premier état. *Très-rare à trouver dans une condition aussi parfaite.*

CALLOT (*Jacques*).

307. Pièces détachées de la suite des Caprices, 768-867. 20 pièces. Très-belles épr.

308. Les Fantaisies, 868-881. Charmante suite de 14 pièces y compris le titre. Très-belles épreuves du premier état avant les numéros.

La pièce n° 881 manque.

309. Divers paysages à Florence. 1187-1198. Suite de 12 pièces. Très-belles épr. du premier état, avec marges.

CAMPION.

310. L'élévation géométrale d'un côté du cirque construit dans le jardin du Palais-Royal en 1787. Pièce en couleur, d'après Sergent.

CAMPION *et autres*.

311. Petites vues de Paris de forme ronde ; vue de la place Henri IV, ovale en largeur, 11 jolies pièces imprimées en couleur ; plus Jardin de Paphos, galerie du palais du Tribunat, et promenade des Tuileries, coloriées. En tout 14 pièces.

CANAL (*Antoine*).

312. La prison, le Procuratie nuove, la Piera del Bando. 4 pièces. Très-belles épreuves.

CANTARINI, *dit le Pesarèse*.

313. Le grand saint Antoine de Padoue. B. 25. Très-belle épr. du premier état.

CANUTI (*Dom. Marie*).

314. La Vierge au Rosaire. B. 1. Très-belle épr.

CARAGLIO (*J.*).

315. Pierre Aretin. B. 64. Très-belle épr.

CARDON (*Antoine*).

316. Madame Recamier en pied, d'ap. R. Cosnay. Très-
belle épr.

CARICATURES.

317. Café de la Rotonde au Palais-Royal; l'embarras des
queues, la valse; le cabinet littéraire en plein vent;
les boxeurs; M. Poudret coiffeur, etc. 17 pièces.

CARICATURES ANGLAISES.

318. Vieux amateurs regardant des baigneuses; Secret de
famille; messageries royales; hôtel des Fermes, rue du
Bouloi, etc. 13 pièces.

319. Bains à domicile; Madame Very au Palais-Royal; la
belle Limonadière au café des Mille-Colonnes, etc.
6 pièces coloriées.

CARMONA (*Manuel-Salvador*).

320. François Boucher, peintre, d'apr. Roslin. In-fol. Très-
belle épr.

321. Miguel de Cervantes, d'apr. J. del Castillo. In-4.
Très-belle épr.

CARMONTELLE.

322. M. de Bachaumont assis, gravé par Houel. Très-belle
épr.

323. Léopold Mozart et ses enfants, gravé par Delafosse.
In-fol. *Rare.* Très-belle épr.

CARPI (*Hugo da*).

324. Ananie frappé de mort, d'ap. Raphaël. B. 27. Camaïeu.

CARPIONI (*Jules*).

325. Jésus-Christ au jardin des Oliviers. B. 2. Superbe épr.
du premier état.

326. Sainte Madelaine dans le désert. 10. Superbe épr. du
premier état.

CARRACHE (*Annibal*).

327. Suzanne et les vieillards. B. 1. Épreuve superbe. Elle porte au verso la signature de *P. Mariette*. 1668.

328. Le couronnement d'épines. 3. Très-belle épr.

329. Le Christ de Caprorole. 4. Belle épr. avec l'adresse de Van Aelst. *Dr 15*

330. La Vierge à l'Hirondelle. 8. Très-belle épr.

331. La Vierge à l'Écuelle. 9. Superbe épreuve avant l'adresse de Nicolas van Aelst.

332. Saint Jérôme dans le désert. 14. Superbe épreuve avant le nom du maître. *Rare.*

   « *Cette pièce est gravée avec légèreté. L'expression et le dessin y sont admirables.* » (*Bartsh.*)

333. La Madelaine pénitente. 16. Belle pièce du maître. Superbe épr. du premier état.

384. Jupiter et Antiope. 17, l'une des belles pièces du maître. Épreuve superbe.

CARRACHE (*Augustin*).

335. La Vierge protégeant deux confrères, d'après P. Véronèse. 105. Épreuve superbe.

336. Pan dompté par l'Amour. 116. Charmante pièce des plus remarquables par la belle exécution. Épreuve superbe. *De la collection Robert Dumesnil.*

337. Mars renvoyé par Minerve, d'après le Tintoret. 118. Très-belle épr. du deuxième état.

338. Vénus entourée d'Amours, portée sur la mer par des dauphins. 129. Charmante pièce. Très-belle épr. *L.*

339. Portrait du Titien. 154. Très-belle épr. du deuxième état.

CARRACHE (*Louis*).

340. La Vierge aux Anges. B. 2. Très-belle épr.

CARS (*Laurent*).

341. Sébastien Bourdon, d'apr. Rigaud. In-fol. Très-belle épr. avec marges.

342. Vertot, d'apr. Delyen. In-4°. Belle épr.

CASTIGLIONE (*B*).

343. Résurrection de Lazare ; Vierge adorée par les anges ; Fuite en Egypte ; Découverte des corps de saint Pierre et saint Paul, etc. 8 pièces.

CASTIGLIONE (*Salvator*).

344. Résurrection de Lazare. B. Vol. XXI. Seule pièce gravée par le maître. Très-belle épr.

CÉRONI.

345. Marie Leczinska, Mme de Sévigné, Mme de Maintenon, Mme de Châteauroux, Mme de Pompadour, comtesse Dubarri, Mme de Vintimille, etc. 9 portraits, superbes épr. avant la lettre, papier de Chine.

346. Marie Leczinska ; Mme de Vintimille ; Mme de Châteauroux ; Mme du Barri ; Mme de Pompadour ; Louis XIV ; 11 pièces, plusieurs doubles, épreuves avant toute lettre. *Ce numéro pourra être divisé.*

347. La duchesse d'Olonne ; Mme Scarron ; Mme de Sévigné ; Mlle de la Vallière ; Mme de Maintenon ; Mme de Combalet ; Mme de Grignon ; Mlle de Montpensier ; Anne d'Autriche, Tourville, Villars, d'après Petitot.

348. Mme de Maintenon, 3 épreuves avant toute lettre.

349. Mme Scarron, Ninon de Lenclos, d'apr. les émaux de Petitot. 2 pièces.

HABANNES.

350. Robert Dumesnil. In-4°. *Rare*. Très-belle épr.

CHAPERON (*N*.).

351. Joseph racontant les songes ; Joseph et la femme de Putiphar. 4 pièces des Loges. Très-belles épr. avant l'adresse de Mariette.

CHAPUY (*J.-B.*).

352. Vue perspective du champ de Mars, jour du serment civique prononcé par la nation française le 14 juillet 1790. Belle pièce imprimée en couleur, d'apr. Leroi. Epreuve superbe.

CHARDIN (*d'après*).

353. Jeune dame cachetant une lettre qu'elle va faire porter par Frontin à qui elle reproche sa lenteur, jolie pièce gravée par Fessard. *Rare.* Très-belle épr.

354. La joueuse de serinette, gravé par Laurent Cars, Épreuve superbe.

355. La bonne éducation, gravé par Lebas. Très-belle épr.

356. La Fontaine, la Blanchisseuse. 2 pièces gravées par C. N. Cochin. Très-belles épreuves.

357. La Gouvernante, la Mère laborieuse. 2 pièces gravées par Lepicié. Très-belles épreuves.

358. Les Tours de cartes, gravé par Surugue fils. Épr. superbe.

359. Le Château de cartes, gravé par Fillœul. Très-belle épr.

360. Dame prenant son thé, gravé par Fillœul. Très-belle épr.

361. Etude du dessin, gravé par Lebas. Très-belle épr.

362. L'instant de la méditation (portrait de madame Lenoir), gravé par L. Surugue. Très-belle épr.

363. L'économe, gravé par Lebas. Superbe épr., avec marges.

364. Le Bénédicité, gravé par Lepicié. Très-belle épr.

365. Les Bouteilles de savon, gravé par Fillœul. Très-belle épr.

366. Le Toton, gravé par Lepicié. Très-belle épr., avec marges.

CHARDIN (*d'après*).

367. L'écureuse, le garçon cabaretier. 2 pièces, gravées par Cochin. Très-belle épr.

368. Le Singe peintre, gravé par Surugue fils. *Rare*. Très-belle épr.

369. Le Singe antiquaire; gravé par Surugue fils. *Rare*. Très-belle épr.

370. Le négligé ou la toilette du matin, gravé par Lebas. Très-belle épr.

371. L'aveugle, gravé par Surugue fils. Très-belle épr.

CHARPENTIER.

372. Honoré Fragonard. In-4°. A l'eau-forte. *Rare*. Très-belle épr.

CHASTEAU.

373. Médaille représentant madame d'Orléans, abbesse de Chelles, et au revers le monastère de Chelles, avec l'explication de cette médaille au bas.

CHATILLON.

374. Vue de Saint-Malo.

CHAZAL.

375. Vue de la fête des Loges, dans la forêt de Saint-Germain en Laye. 2 épr.

CHEREAU (F.).

376. Bayle. In-fol. Belle épr.

377. Philippe d'Orléans régent, d'après Santerre. In-fol. Belle épr.

378. Louis Pecour, compositeur de ballets, de l'Académie royale de musique, d'après Tournière. In-fol. Très-belle épr.

CHEREAU (*Jacques*).

379. Mme de Sévigné ; Françoise-Marguerite de Sévigné, comtesse de Grignan, gravé par Petit. 2 jolis portraits. In-8°. Très-belles épr.

380. Seconds voyageurs aériens, ou expérience de MM. Charles et Robert, faite dans le jardin des Tuileries le 1er décembre 1783. Très-belle épr.

CHODOWIECKI.

381. 1788. Frédéric-Guillaume II roi de Prusse, en pied, tenant son chapeau à la main.

CHOFFARD.

382. Duc de la Rochefoucault, d'après Petitot. In-8°. Très-belle épr.

383. Le magasin de Basan, où des amateurs regardent des estampes et des recueils ; tête de page. 2 jolies petites pièces. Très-belles épr.

CHRÉTIEN (*physionotrace*).

384. Portrait de jeune femme.

CHRONOLOGIE COLLÉE.

385. Michel Nostradamus ; J. Amiot ; Érasme ; P. Ramus, Guil. Budé, Rabelais, Clément Marot, Ronsart, Joachim du Bellay, Rémy Belleau, Baïf, Jodelle, Jean d'Aurat. 13 petits portraits. Très-belles épr.

386. Robert Étienne ; Claude Garamont ; Germain Pilon ; Antoine Caron ; François Clouet dit Janet ; cardinal de Lorraine, Ambroise Paré. 7 petits portraits. Très-belles épr.

CLAESSENS.

387. Mme Roland. In-8°. Superbe épr. avant toute lettre.

CLÉMENT (*A.*).

388. Réunion d'artistes, peintres, sculpteurs, compositeurs

de musique, etc., d'après Boilly. In-fol. en rond contenant 29 portraits.

— Les mêmes personnages au trait, avec indication des personnages, au moyen de numéros de renvois.

CLOQUET.

389. Vue générale de la fédération française prise à vol d'oiseau, au-dessus de Chaillot. Coloriée.

COCHIN (N.).

390. La foire de Guibray, près de Falaize, d'après Chauvel, grande et belle pièce en hauteur. Superbe épr., avant les noms des artistes au bas à gauche, et avant les diverses inscriptions dans le cours de l'estampe. *Extrêmement rare.*

391. La Carte du royaume des cieux, avec le chemin pour y aller, d'ap. Labelle, grande pièce en hauteur.

392. Moïse; Tentation de saint Antoine; 2 pièces. Très-belle épr.

393. Les Noces de Cana, d'après Paul Véronèse. Belle épr.

COCHIN (fils).

394. Bal paré à Versailles pour le mariage du Dauphin, le 24 février 1745. — Bal paré à Versailles pour le mariage du Dauphin, le 9 février 1747. 2 jolies petites pièces.

395. Concours pour le prix de l'étude des têtes, gravé par Flipart. Belle épr.

396. Eustache Lesueur. In-fol. Très-belle épr.

397. Jacques Sarrazin, sculpteur. In-fol. Très-belle épr.

398. Chardin, 2 portraits différents. Marguerite Pouget sa femme, Laurent Cars; Comte de Caylus; P.-J. Mariette, Watelet. 7 portraits. In-4°. Très-belles épr.

COCHIN (*fils*).

399. François Boucher, Cochin fils, N. Delaunay, D'Alembert, Diderot, Ch. de Brosses, Fréron, Franklin, de Parcieux, Pierre, Soufflot, C. Vanloo, Jean-Denis Lempereur, Charles-Antoine Jombert, Seroux d'Agincourt, Guil. Coustou, Caffieri, Pigalle, Jacques-Philippe Lebas, etc. 23 pièces.

400. Une perspective de l'illumination de la rue de la Féronnerie le 8 septembre 1745. 2 pièce   Très-belles épr.

COCK (*Jérôme*).

401. Paysage dans lequel on voit au loin, à gauche, le bon Samaritain pansant les blessures du voyageur attaqué par des voleurs.

COLLAERT (*Adrien*).

402. Le berger Pâris dans un médaillon rond entouré d'ornements. Épreuve superbe.

COLLIN (*D.*).

403. Vue septentrionale de la carrière de Nancy.

COMMARIEUX.

x 404. Les gastronomes sans argent, d'apr. C. Vernet. Les gastronomes en jouissance, d'apr. Horace Vernet. 2 pièces en couleur.

COQUERET.

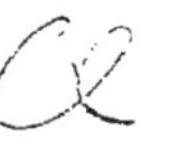

x 405. Les ennuyés chez eux (intérieur du café Procope) d'après C. Vernet. Très-belle épr. avant la lettre.

CORT (*Corneille*).

406. Saint Jérôme, d'apr. le Titien. Très-belle épr.

COSSIN (*Louis*).

407. Cassini, petit in-fol. Superbe épreuve avant toute lettre. *Rare.*

COSSIN (*Louis*).

408. François Chauveau, d'ap. Lefebvre. In-fol. Superbe épr. avec l'adresse de Boudan.

409. Valentin Conrart, de l'Académie française, d'ap. C. Lefebvre. In-folio. Très-belle épr. avant la lettre. Les noms et qualités du personnage sont écrits à la plume dans la marge.

410. Le même. Très-belle épr. avec la lettre.

411. Pierre Corneille, d'ap. Sicre. In-fol. Superbe épr. avant la lettre. *Rare.*

412. Louis Roupert, maître orfévre à Metz. In-4° oblong. Très-belle épr.

413. M. de Solleysel. In-fol. Très-belle épr. avant la lettre.

COSTUME PARISIEN.

414. An 6. 27 pièces. *Rares.*
An 7. 22 pièces.
An 8. 26 pièces.
An 9. 20 pièces.
An 10. 15 pièces.
Ans 11, 12, 13 et 14. 34 pièces.
1806 à 1818. 34 pièces. En tout 175 pièces.

COURBE.

415. Comtesse de Carcado, charmant portrait. In-8°. Très-belle épr.

COUTELLIER.

416. Mademoiselle Maillard, de l'Académie royale de Musique. In-4° en couleur. Très-belle épr.

COUVAY.

417. Le palais des facultés de l'âme, d'ap. Huret. Très-belle épr. d'une jolie pièce.

COYPEL *(Antoine)*.

418. Judith. R. D. 2. Très-belle épr. du deuxième état.
419. Pan vaincu par les Amours. R. D. 10. Très-belle épr. du premier état.

COYPEL *(Charles)*.

420. Titre pour sujets des comédies de Molière : George Dandin; l'École des femmes; M. de Pourceaugnac. 4 pièces gravées par Joullain, plus un sujet des Femmes savantes, publié dans le cabinet Dénon.
421. Daphnis jouant de la musette, gravé par Surugue. Très-belle épr.
422. La matrone d'Ephèse, gravé par Desplaces. Très-belle épr.

CRANACH *(Lucas)*.

423. La Pénitence de saint-Chrysostôme. B. 1. *Très-rare de cette beauté.*
424. Les deux ducs de Saxe. 2. Très-belle épr. mal conservée.
425. Martin Luther. 5. Très-belle épr.
426. Jésus mis au tombeau ; saint Christophe. 58. Épr. tirée à une seule planche. 2 pièces sur bois. Très-belles épr.
427. Vénus accompagnée de l'Amour. 113. Sur bois. Très-belle épr.
428. 1561. Philippe Melanchton en pied. 153. Pièce gravée sur bois. Très-belle épr.

DALEN *(Corneille Van)*.

429. Delcboe, médecin. In-fol. Épr. superbe.
430. Une Négresse, d'ap. Flinck. Très-belle épr.

(DARCIS).

431. Les Incroyables, d'ap. C. Vernet, en couleur. Très-belle épr.

DARET.

432. Marie de Médicis ; la même par Montcornet. 2 pièces.
433. Anne d'Autriche, reine de France. In-4°. Épr. superbe.

DARET, MONTCORNET, etc.

434. Louis XIV jeune, Henri-Louis de Bourbon, duc d'Enghien, prince de Condé; duc d'Anjou; Éléonore Gonzague, princesse de Mantoue, duchesse de Montpensier, Anne d'Autriche, Marie-Thérèse, reine de France ; François Véron, curé de Charenton, etc. 27 portraits.

DASSONVILLE.

435. La Pipe allumée. R. D. 19. Très-belle épr.

DAUDET (R.).

436. Bergers conduisant des troupeaux, d'ap. Berghem ; Chasseurs, d'ap. Hackert. 2 pièces. Très-belles épr. avant la lettre.

DAULLÉ (J.).

437. Guillaume de Lamoignon, chancelier de France, d'apr. Valade. In-fol. Très-belle épr.
438. Le Père Martin Pallu, de la Société de Jésus; d'après Nonotte. In-fol. Très-belle épr.

DAVID (C.).

439. Élisabeth, reine d'Angleterre, dans un cartouche ornementé. In-4°. Très-belle épr.
— Le même personnage en pied, par Corneille Van Sichem.

DÉ (Maître au).

440. Vénus blessée par l'épine d'un rosier, d'apr. Raphaël. B. 16. Belle épr.
441. Apollon tuant le serpent Python. B. 19. Très-belle épr. du premier état.

DÉ (*Maître au*).

442. Sacrifice à Priape. 27. Belle composition, d'apr. Raphaël ou Jules Romain. Très-belle épr.

443. Vénus et l'Amour plaidant leur cause devant les dieux de l'Olympe. 68. Pièce de la suite de Psyché. Superbe épr. avant l'adresse de Salamanca.

DEBUCOURT (*P.-L.*).

444. Promenade dans la Galerie du Palais-Royal, l'une des pièces capitales du maître, imprimée en couleur, des plus intéressantes comme scènes de mœurs et costumes. Très-belle épr. *Extrêmement rare.*

445. La Promenade publique. 1792. L'une des pièces capitales du maître, fort curieuse pour les costumes, imprimée en couleur. Superbe épr., avant la lettre. *Extrêmement rare.*

446. Le duc d'Orléans (Philippe-Égalité). In-4° en couleur. *Rare.* Très-belle épr.

447. Frascati, jolie pièce à costumes, imprimée en noir. Très-belle épr.

448. Route de Saint-Cloud, d'apr. C. Vernet, en couleur. Très-belle épr. avec marges.

449. Route de Poissy, d'apr. C. Vernet, en couleur. Très-belle épr.

450. L'Orange, ou le moderne jugement de Pâris, jolie pièce. Très-belle épr. avec grandes marges.

451. Les Visites; le premier Jour du XIXᵉ siècle. Très-belle épr. avec grandes marges.

452. Le Prétexte; Turcaret du jour; la Phrase changée; la Promenade; C'est en vain; la petite Coquette; la Rencontre; l'Agression; la Correspondance furtive; Il va l'apaiser; A ce soir; les Cerises; Elle le suit; Prends vite; N'allez pas vous perdre; Venez vous reposer; la Signature, etc. 25 pièces, jolies figures de modes coloriées.

DEBUCOURT (P.-L.).

453. Il va l'apaiser; la Robe déchirée; les Apprêts du bal; Il a plu; Elle y pense; 5 jolies figures de modes coloriées, avec marges.

DELAMARRE.

454. 1705. Les huit Plans de Paris, tirés du Traité de la police; Plan des fontaines de la ville et des faubourgs de Paris, par Delagrive, 1735; neuvième Plan de Paris et ses accroissements sous Louis XV, par Delagrive, 1737. 10 pièces.

DELAPORTE.

455. Le Pont-Neuf, le Louvre et la Galerie, vue prise du quai de l'Horloge. 2 épr.

DELATRE.

456. Mlle Colombe l'aînée, de la Comédie italienne. In-4°. Très-belle épr.

DELAULNE (Ét.).

457. La Conversion de saint Paul, d'apr. Jean Cousin.

458. Combat d'hommes; Chasse aux lions et à l'éléphant. 3 frises. Très-belles épr.

459. Arabesques sur fond noir, en largeur. 6 pièces. Très-belles épr.

DELAUNAY (R.).

460. Mme de Graffigny. Joli petit portrait in-8°. Très-belle épr.

DEMARCENAY.

461. Portrait du Tintoret, d'apr. lui-même. Très-belle épr. avant la lettre.
Le même avec la lettre.
Turenne.

462. La Dame à la perle, d'après Rembrandt. Belle épr.

DEMARTEAU.

463. Pastorales. 2 jolies pièces en couleur, d'apr. Huet.
Très-belles épr.

464. Mme Huet jouant de la guitare, d'apr. Huet. Jolie
pièce à plusieurs crayons. Très-belle épr.

465. Jeune fille relevant ses jupes pour donner du grain à
de petits poulets. Charmante composition de forme
ronde, d'apr. Boucher, à plusieurs crayons. *Rare*.
Très-belle épr.

466. Jeune Fille embrassant une colombe, d'apr. Boucher.
Jolie pièce à plusieurs crayons.

467. Les enfants physiciens, d'apr. Boucher; buste de
jeune femme ; Bacchante, d'apr. Huet. 3 pièces à
plusieurs crayons.

468. Enfant traînant une petite fille dans une petite voiture, d'apr. Boucher. Charmante pièce à plusieurs
crayons. Très-belle épr.

469. Vénus entourée d'Amours ; Jupiter et Antiope ; buste
de jeune fille. 3 pièces à plusieurs crayons.

470. Bustes de jeunes femmes, d'apr. Watteau. 2 jolies
pièces à plusieurs crayons. Très-belles épr.

471. Femme nue couchée ; Vénus sur un lit; jeune Fille
debout tenant une cruche. Cette dernière, gravée par
Janinet. 3 pièces, d'apr. Boucher, à la sanguine.

472. Léda, d'ap. Boucher, à la sanguine. Très-belle épr.

473. Baigneuses, d'apr. Boucher, à la sanguine.

474. Jeune femme, les mains appuyées sur un cahier de
musique ; jeune Fille tenant les oreilles d'un chat.
2 pièces, d'apr. Boucher, à la sanguine. Très-belles
épr.

475. Jeune fille debout portant un plat ; bustes de jeunes
femmes. 3 pièces à la sanguine, d'apr. Boucher.

476. Louis-Auguste Dauphin, et Marie-Antoinette Dauphine
de France, d'apr. Vassé, à la sanguine.

DEMARTEAU.

477. Rubens à l'âge de 30 ans, d'apr. Watteau, à plusieurs crayons. *1b*

DEMORTAIN (*chez*).

478. Portail de l'église de Notre-Dame de Reims.

DENON (*Vincent*).

479. Trois portraits différents de lui-même ; buste de jeune femme. 4 pièces.

480. Buste de jeune femme dans un ovale. Superbe épr. avant toute lettre.

DESBOIS (*Martial*).

481. Sœur Anne Collet, du tiers-ordre de la Sainte-Trinité, décédée à Lisieux, à 25 ans, 1668. R. D. 9. Très-belle épr.

DESCAMPS (*J.-B.*).

482. Le Négociant, gravé par Lebas. Très-belle épr.

DESHAYES (*Pierre*).

483. Vue de la promenade du Boulevard, du côté de la porte du Temple à Paris. Jolie pièce. *Rare*. Très-belle épr.

DESNOYERS (*L.-A. Boucher, baron*).

484. La Vierge de la maison d'Albe, d'apr. Raphaël. Très-belle épr. avant la lettre, lettres tracées. Encadrée.

485. La Vierge aux Rochers, d'apr. Léonard de Vinci. Très-belle épr. avant la lettre, lettres grises, avec le cachet à deux têtes. Encadrée.

486. La Vierge au Poisson, d'apr. Raphaël. Très-belle épr. avant la lettre, lettres grises. Encadrée.

487. La Vierge à la Chaise, d'apr. Raphaël. Très-belle épr. avant la lettre, lettres grises. Encadrée.

488. La belle Jardinière, d'apr. Raphaël. Très-belle épr. Encadrée.

DESNOYERS (*L.-A. Boucher, baron*).

489. Sainte Catherine d'Alexandrie, d'apr. Raphaël. Très-belle épr., lettres grises. Les noms d'artistes à la pointe.

DÉSRAIS (*C. L.*).

490. Deux Nymphes caressant un Satyre. Jolie petite pièce imprimée en bistre.

491. Jeune élégante, gravé par Deny. Joli costume.

DESRAIS, LECLERC.

492. Costumes de femmes, époque Louis XVI. 23 pièces coloriées.

DESRAIS, WATTEAU FILS, etc.

493. Jolis costumes de femmes, époque Louis XVI. 10 pièces.

DESROCHERS.

494. Prince de Conti ; Magdelaine de Scudéri ; Louise-Marie Stuart, princesse d'Angleterre ; mademoiselle Fillon, surnommée la Présidente. 4 portraits. In-8°.

DEVAUX.

495. Gérard Edelinck, d'apr. Tortebat. In-fol. Belle épr.

DIETRICY.

496. Fuite en Egypte. Pièce en largeur. Epreuve superbe. — Même sujet. Pièce en hauteur. Belle épr.

497. Un marchand de mort aux rats. Très-belle épr. — — La même pièce. Belle épr.

498. Paysage avec ruines dans le fond. Très-belle épr. avant le numéro.

499. Les musiciens ambulants, à la manière noire. Très-belle épr.

DIVERS.

500. Assaut de la chevalière d'Eon avec M. de Saint-George. Pièce coloriée.

501. Christophe Colomb, Machiavel, Copernic, etc. 8 pièces.

DIVERS.

502. Orlando Lassus par Jean Sadeler; Lolouette par Tardieu, Waldemar par Paroy, etc. 7 portraits de musiciens.

503. Michel de L'Hopital, Jérôme de Prague, Conrad, Gesner, Erasme. 7 pièces.

504. Paul Manuce Alde, Guttenberg, Mabre-Cramoisy, Winkelmann. 10 pièces.

505. Jansénius, Calvin, Escoleor, Sanchez, etc. 4 portraits. In-8°.

506. Clément VIII, Innocent X, Urbain VIII, César Baronius. 4 pièces.

507. François Ier, Catherine de Médicis, Henri II, Bal sous Henri III d'après Clouet, etc., 5 pièces.

508. Duc et Duchesse d'Angoulême, Comte de Provence, Louis XVIII, reine de Prusse, Catherine II, etc. 10 pièces.

509. Houel, Valenciennes, Gérard Edelinck, Louis XV, etc. 10 portrait.

510. Acteurs et Actrices, mademoiselle Thérèze Bourgoin, Lekain, Albony, Dazincourt, mademoiselle Dubois, mademoiselle Georges, etc. 6 pièces.

511. Buckingham par Montcornet; Magdelaine de Scudéri par Wille, comtesse de Carlisle. 9 pièces.

512. Une vignette, par Aug. de Saint-Aubin; autres d'après Cochin, Moreau jeune, etc. 9 pièces.

513. Compositions d'apr. différents maîtres, des cabinets Lebrun et Choiseul. 23 pièces. Très-belles épr.

514. Une pièce par Bartolozzi, d'apr. le Guerchin; Assomption de la Vierge, d'apr. Vassari; une pièce de Tiépolo, etc. 20 pièces.

515. Assignat de 10,000 francs de la République Française. *Rare.* Plus, différentes pièces de papier-monnaie. 12 pièces.

DOIX.

516. Décadaire pour l'an troisième de la République, avec l'indication des sans-culotides. *Très-rare.*

DOLENDO (*Barthélemy*).

517. Juste. Lispe. In-4°. Très-belle épr. signée au verso : *Claude Augustin Mariette,* 1694.

DREVET (*P.*).

518. Nicolas Boileau, d'apr. de Troy. In-4°. Très-belle épr.

519. Bossuet en pied, d'apr. Rigaud. Très-belle épreuve avant les points, après le mot *pinxit.*

520. Cisternay du Fay, d'apr. Rigaud. In-8°. Très-belle épr.

521. Robert de Cotte, architecte, d'apr. Rigaud. In-fol. Superbe épreuve avant le mot architecte.

522. Labruyère, d'apr. de Saint-Jean. In-8°. Belle épr.

523. André Felibien, d'apr. Lebrun. In-4°. Très-belle épr.

524. Fénelon, d'apr. Vivien. Magnifique épreuve avec marges.
C'est le plus beau portrait qui existe du personnage.

525. Claude Leblanc, secrétaire d'Etat de la guerre, d'apr. Le Prieur. In-4°. Très-belle épr.

526. Louis Legendre, chanoine de l'Eglise de Paris, d'apr. Jouvenet. In-4°. Très-belle épreuve.

527. Arnoul de Loo, supérieur général de la congrégation de Saint-Maur, d'apr. Jouvenet. In-fol. Très-belle épr.

528. Louise-Adélaïde d'Orléans, abbesse de Chelles, d'apr. Gobert. Petit in-fol. Très-belle épr.

529. Duchesse d'Orléans, princesse Palatine, d'apr. Rigaud. Petit chef-d'œuvre du graveur. Très-belle épreuve.

530. Louis duc d'Orléans, d'apr. C. Coypel. Superbe épreuve avant l'inscription dans la tablette.

531. Pierre Palliot, Parisien, historiographe du roi, d'apr. Revel. In-fol. Très-belle épr.

DREVET (*P.*).

532. Monsieur de Rancé, abbé et réformateur de la Trappe. In-8°. Très-belle épr.

533. Denis de Sainte-Marthe, supérieur de la congrégation de Saint-Maur, d'apr. Cazel. In fol. Très-belle épr.

DUCHANGE (*chez*).

534. Saint Vincent de Paul et Mlle Legras, en regard l'un de l'autre sur la même feuille. In-8°. Très-belle épr.

DUFLOS (*Cl.*).

535. Sébastien Leclerc. In-fol. Très-belle épr.

536. Marin Mersenne, de l'ordre des Pères minimes. In-fol. Très-belle épr.

DUJARDIN (*Carle*).

537. La chèvre et les deux moutons. B. 7. Très-belle épr. du premier état avant le numéro.

538. Les trois cochons couchés devant l'étable. 8. Très-belle épr. du premier état avant le numéro.

539. Le bourg à la montagne. 9. Très-belle épr. du premier état avant le numéro.

540. Le champ de bataille. 28. Superbe épreuve du premier état avant le numéro.

541. Les chèvres sur le rivage. 48. Très-belle épr. du premier état avant le numéro.

542. Les deux chevaux. B. 4 ; les trois cochons, 8 ; le mulet aux clochettes, 22 ; le bœuf debout et le veau couché, 30 ; le savoyard, 54. 5 pièces. Très-belles épr.

543. Portrait de Vos, poëte hollandais, 52. *Morceau rare*. Très-belle épr.

DUMONT (*J.*).

544. Agar visitée par un ange. Très-belle épr.

DUPERAC (*Etienne*).

545. Paysage où l'on voit à gauche un chasseur tenant deux chiens en laisse. B. D. 73. Très-belle épr.

DUPIN (*fils*).

546. Mlle Contat, d'apr. Desrais. In-4. Très-belle épr.

DUPLESSIS-BERTAUX.

547. Le 18 Brumaire, épreuve d'eau-forte pure.

548. Recueil de 20 petites estampes, d'apr. Wouvermans, Berghem, etc. In-8°, oblong broché.

DUPONT (*Henriquel*).

549. Son portrait, gravé par Aristide Louis, d'apr. Paul Delaroche. Très-belle épr.

550. La Vierge tenant sur ses genoux l'enfant Jésus. Très-belle épr. avant la lettre sur papier de Chine.

551. Henri IV entrant à Paris, d'après Gérard. Épreuve d'eau-forte.
Épreuve terminée avant toute lettre sur chine ; autre épreuve avant la lettre, les noms à la pointe sur chine. 3 pièces.

552. Michel-Ange donnant des soins à son domestique malade, d'apr. Robert Fleury. Très-belle épr. avant la lettre.
— La même avec la lettre.

553. Le relancé du sanglier, d'apr. Jadin. Très-belle épr. avant la lettre.
La même pièce avec la lettre.

554. Henri de Bourbon, roi de Navarre.

555. Alexandre Brongniart. Très-belle épr. avec les noms à la pointe.

556. Claude-Aimé Chenavart, architecte ; Lenormand, graveur. 2 pièces.

557. Chenier, d'apr. J.-B. Savée. Très-belle épr.

558. Joseph Coiny, graveur. Très-belle épr.

DUPONT (*Henriquel*).

559. Alexandre Desenne. Très-belle épr.

560. M. Desfontaines. Très-belle épr. avant la lettre, papier de Chine.

561. Mansart et Perraut en regard l'un de l'autre. Très-belle épr.

562. Mirabeau, d'apr. Paul Delaroche. Très-belle épr.

563. Mme de Mirbel en pied, d'apr. Champmartin.

564. Molière, d'apr. Ingres. Très-belle épr. avant la lettre.

565. Le même. Très-belle épr.

566. Le même. Très-belle épr.

567. Michel Montaigne ; Moreri. 2 pièces. Très-belles épr.

568. 1846. Auguste-Marie-Jeanne de Baden-Baden, duchesse d'Orléans. Très-belle épr.

569. Marquis de Pastoret, d'apr. Paul Delaroche.

570. Portrait d'un ecclésiastique, d'apr. Paul Delaroche. Très-belle épr. avant la lettre.

571. 1826. Madame...., portrait en buste. Très-belle épr.

572. Rachel, d'apr. Lehmann. Très-belle épr.

573. A. Tardieu, graveur, d'apr. Ingres. Très-belle épr.

574. Carle Vernet. Très-belle épr. avant la lettre.
— Le même avec la lettre.

575. Portrait d'apr. Franque, gravé en 1828 ; portrait lithographié en 1828 ; École turque ; Enfant de chœur. 4 pièces.

DURER (*Albert*).

576. Jésus devant Caïphe. B. 6. La flagellation. 8. La descente aux limbes. 16. 3 pièces. Très-belles épr.

577. Jésus en prière au Jardin des Olives, 19. Pièce gravée à l'eau-forte. Très-belle épr.

578. La face de Jésus-Christ. 1513. 25. Très-belle épr.

579. La Vierge à la Couronne d'étoiles et au Sceptre. 32 Très-belle épr.

DURER (*Albert*)

580. La Vierge aux cheveux courts liés avec une bande-
lette. 33. Très-belle épr.

581. La Vierge avec l'enfant Jésus emmailloté. 38. Très-
belle épr.

582. La Vierge à la poire. 41. Magnifique épreuve.

583. La Vierge au singe. 42. Superbe épreuve avec une
petite marge.

× 584. La sainte Famille au papillon. 44. Magnifique épreuve.

585. Saint Christophe à la tête retournée. 51. Très-belle
épr.

586. Saint Christophe. 52. Belle épr.

587. Saint Georges à cheval. 54. Magnifique épreuve.

588. Saint Jérôme dans sa cellule. 68. L'une des pièces capitales du maître. Magnifique épreuve.

589. La dame à cheval. 82. Très-belle épr.

590. L'hôtesse et le cuisinier. 84. Très-belle épr.

591. L'enseigne. 87. Très-belle épr.

592. Le petit cheval. 96. Très-belle épr.

593. Le cheval de la Mort. 98. L'un des chefs-d'œuvre du
maître. *Rare.* Épreuve superbe.

594. Copie de cette pièce dans le sens de l'original. La lettre
S et l'année 1513 ne sont point marquées dans la tablette.

595. Les armoiries au coq. 100. Belle pièce du maître.
Très-belle épr. Signée au verso, et dans le haut à
gauche : *P. Mariette*, 1667.

596. Philippe Melanchton. 105. Belle épr.

DURER (*pièces sur bois*).

597. La Cène, 1523. 53. Seconde planche. Très-belle épr.

598. Jésus-Christ en croix. Dans le haut, Dieu le Père dans
une gloire de Chérubins. 56. Ce morceau est entouré
d'une bordure ornementée avec quatre anges qui
portent les instruments de la Passion. Très-belle épr.

DURER (*pièces sur bois*).

599. Le jugement dernier. 52, de la petite Passion. Saint Jérôme dans sa cellule. 114. 2 pièces. Très-belles épr.

600. Les Fiançailles de la Vierge avec saint Joseph. 82. Épr. avant le texte au verso ; l'Annonciation, 83 ; la fuite en Egypte, 89, avec le texte au verso ; la Mort de la Vierge, 93, avant le texte ; la Pentecôte. On voit dans le haut Dieu le Père et le Fils couronnant la Vierge. 5 pièces. Très-belles épr.

601. Sainte Magdelaine transportée au ciel. 121.

602. La Vierge assise sur un banc de gazon. 13. Saint Martin coupant un morceau de son manteau. 18. 2 pièces gravées sur bois. (*Appendice.*)

603. Les armoiries de la famille Pomer. 53.

604. Albert Durer, sa vie et ses œuvres, par Emile Galichon. Paris Aubry, 1861. In-4°, fig., broché.

DUSART (*Corneille*).

605. Les chanteurs. B. 3. Très-belle épr. du premier état avant que la planche ait été coupée.

606. Le couple ivre. 7. Très-belle épr.

607. Le violon assis. 15. Très-belle épr. Elle porte au verso la signature de : *J. G. Wille*, 1760.

608. La fête de village. 16. Très-belle épreuve avant les taches de rouille vers le milieu du haut de la planche.

DYCK (*Antoine Van*).

609. Le Christ couronné d'épines, morceau capital du maître. Très-belle épreuve avant les mots : *et fecit aqua forti*, avec l'adresse de Bonenfant.

610. La même pièce, belle épreuve avec les mots : *et fecit aqua forti ;* l'adresse de Bonenfant a été effacée.

611. Le Titien et sa maîtresse. Superbe épr., avant les mots : *Titian inventor cum privilegio regis*, et avant l'adresse de Bonenfant. *Très-rare.*

DYCK (*Antoine Van*).

612. Jodocus Citermans. Très-belle épr. avec les initiales : *G. H.*

613. François Franck. Très-belle épr. avec marges.

614. Jodocus de Momper. Très-belle épr.

615. Adam Van Noort. Très-belle épr. avec les initiales : *G. H.*

616. Paul Pontius. Belle épr.

617. Jean Snellinx. Très-belle épr.

618. François Snyders, terminé par Jacques Neefs. Très-belle épr.

619. Paul de Vos, terminé par Bolswert. Très-belle épr.

EDELINCK (*G.*).

620. Le Sauveur portant la croix ; d'ap. Nicolas de Plate-Montagne. R. D. 11. Très-belle épr.

621. Antoine Arnauld. R. D. 140. Très-belle épr. du premier état.

622. Robert Arnauld d'Andilly, d'ap. Ph. de Champagne. 142. Très-belle épr. du deuxième état avant la réduction de la planche.

623. Benserade. 146. D'Herbelot, 183. Quinault, 301, deuxième état. 3 pièces.

624. Antoine-François Bertier, évêque de Rieux. 148. Épr. superbe.

625. Bossuet, d'ap. Rigaud. 156. Très-belle épr. du premier état avec marges.

626. Roger de Rabutin, comte de Bussi. 162. Très-belle épr.

627. Philippe de Champagne. 164. Très-belle épr. du premier état.

628. René Descartes. 181. Superbe épr. du premier état.

629. Martin Van den Bogaert, connu sous le nom de Desjardins, d'ap. Rigaud. 182. Très-belle épr. du deuxième état, avant toute adresse.

EDELINCK (G.).

630. Le cardinal d'Ossat. 186. Belle épr.

631. Ferdinand, évêque de Paderborn. 202. Très-belle épr. du premier état.

632. Fléchier, d'ap. Rigaud. 205. Très-belle épr.

633. Fléchier. 206. Très-belle épr. du deuxième état.

634. Antoine Furetière, d'ap. de Sève. 209. Belle épr. — Le même par N. Habert.

635. Gherardi, comédien. 214. Belle épr. du deuxième état.

636. Henri Goltzius. 216. Belle épr. du troisième état.

637. Jean Hérault, seigneur de Gourville, d'ap. Rigaud. 218. Joli petit portrait. Très-belle épr.

638. Regnier de Graaf, médecin hollandais, 219. Très-belle épr. *d'un premier état non décrit par Robert Dumesnil,* avant la lettre. *Très-rare.* Cette épreuve est signée : *P. Mariette,* 1667.

639. Pierre-Daniel Huet, évêque de Soissons, puis d'Avranches, d'ap. Largillière. 224. Très-belle épr. du premier état.

640. Keller, commissaire ordinaire des fontes de l'artillerie de France. 229. Belle épr. du quatrième état.

641. Jean de Lafontaine, d'apr. Rigaud. 230. Très-belle épr.

642. Le même. Belle épr.

643. Louis XIV dans une couronne de palmes au haut de laquelle brille le soleil. 249. Charmant petit portrait. Superbe épr. du premier état. *Très-rare.*

644. Louis XIV. 253. Titre des Hommes illustres de Perrault. Magnifique épr. du premier état, avant l'inscription sur le piédestal de la statue.

645. Louis XIV, buste sur piédouche. 255. Très-belle épr. du premier état.

646. Jean-Baptiste Lully. 262. Très-belle épr.

EDELINCK (G.).

647. François Mansart, architecte du roi. 266. Très-belle épr.

648. Mascaron, célèbre prédicateur. 270. Très-belle épr. du deuxième état.

649. Claude Mellan. 272. Le même, gravé par lui-même. 2 pièces. Très-belles épr

650. Pierre Mignard, d'apr. lui-même. 274. Très-belle épr. du deuxième état. $\chi \cdot 11$

651. Louis Moreri, d'après de Troy. 280. Très-belle épr. du deuxième état.

652. Robert Nanteuil. 282. Troisième état. Le même par Romanet. 2 pièces.

653. Blaise Pascal. 290. Magnifique épr. *Très-rare dans une condition aussi parfaite.*

654. Pellisson. 291. Très-belle épr.

655. Charles Perrault, d'apr. Tortebat. 292. Très-belle épr.

656. Claude Perrault, médecin de la faculté de Paris, d'apr. Vercelin. 293. Très-belle épr. du premier état. *Rare.*

657. Jean Racine. 302. Très-belle épr. du deuxième état.

658. Saint-Evremond. 306. In-8°. Belle épr.

659. Claude de Sainte-Marthe. 308. Très-belle épr. du troisième état, avec marges.

660. Santeuil, chanoine de l'abbaye de Saint-Victor. 312. Très-belle épr.

661. Jacques Savary. 314. Superbe épr. du deuxième état.

662. Israël Silvestre, d'apr. Lebrun. 319. Très-belle épr. du troisième état, avec une vue de Paris au bas, gravée par Israël Silvestre lui-même.

663. Paul Tallemant, d'apr. Coypel. 324. Très-belle épr. du premier état.

664. Jean Varin, graveur général des monnaies de France. 333. Très-belle épr. $\chi \cdot 5$

EDELINCK (G.).

665. Nicolas Verien. 335. Très-belle épr. du deuxième
état, avant les noms du peintre et du graveur.

666. Saint Vincent de Paul. 338. Très-belle épr.

ÉDELINCK (*Jean*).

667. La vénérable mère Marie de l'Incarnation, première
supérieure des Ursulines. In-4°. Belle épr.

668. Nicolas Sanson, géographe ordinaire du roi, d'apr.
Daret. In-fol. Très-belle épr.

ÉDELINCK (*Nicolas*).

669. Nicolas Malebranche, d'apr. Santerre. In-4°. Très-
belle épr.

670. Mme de Sévigné, d'apr. Nanteuil, charmant portrait
in-8°. Superbe épr. avant le trait d'union entre Rabutin et Chantal. *Rare.*

671. La même, rognée autour du médaillon.

EVERDINGEN (*Albert Van*).

672. Les fontaines d'eaux minérales. B. 95-98, jolie suite
de 4 pièces. Très-belles épr.

FABER.

673. Ignace de Loyola, d'apr. Titien. In-fol., à la manière
noire. Très-belle épr. P. Ignatius sur bois. 2 pièces.

FAITHORNE (*Guillaume*).

674. Portrait de Charles II, roi d'Angleterre.
Il est tourné à gauche dans une bordure ovale. Il
est couvert d'une armure sur laquelle est passée une
écharpe. Il tient de la main droite un bâton de commandement. Au milieu, au-dessous de l'ovale, une
armoirie entourée de la légende *Honi soit qui mal y
pense*, et au-dessous dans une banderole: *Mutare
vel timere sperno*. In-folio. Épreuve superbe avant la
lettre. *Rare.*

FAITHORNE (*Guillaume*).

675. Jeune femme assise dans la campagne, d'ap. P. Lelly. Très-belle épr.

FALCK.

676. Guillot Gorja, Scaramouche, par Bonnart. 2 pièces.

FELNER.

677. François Schmid, peintre de paysage, d'apr. Martin Schmid, 1762. In-4°. Très-belle épr.

FERDINAND (*L.*).

678. Nicolas Poussin vu de profil, beau portrait. In-fol. Épreuve superbe.

679. Marguerite Lemon, d'apr. Van Dyck. In-4°. Très-bèlle épr. *de la collection R. Dumesnil.*

FERDINAND (*à Paris, chez P.*).

680. L'orgueil espagnol surmonté par le luxe français. Pièce facétieuse.

FETTARD (*Ét.*).

681. Molière, d'apr. Boucher. In-8°. Très-belle épr.
682. Vignettes pour Molière, d'après Boucher. In-8°. 11 pièces.

FICQUET (*Étienne*).

683. Pierre Corneille, d'apr. Lebrun. Très-belle épr.
684. Crébillon, d'apr. Aved. Très-belle épr. avec marges.
685. L'amiral Duquesne, d'apr. Petitot. In-4°. Belle épr.
686. Fagon, premier médecin du roi. In-8°. Très-belle épr.
687. Comte d'Harcourt. In-8°. Belle épr.
688. Lafontaine, d'apr. Rigaud. Charmant portrait. In-8°. Très-belle épr. au ruisseau blanc.
689. La Mothe Levayer, d'apr. Nanteuil. In-8°. Belle épr.

FICQUET (*Étienne*).

690. Mme de Maintenon, d'apr. P. Mignard. Très-belle
épr.

691. Vander Meulen, peintre, charmant petit portrait. Magnifique épreuve avant toute lettre. *Rare.*

692. Molière, d'apr. Coypel. Très-belle épr. avec marges.

693. Montaigne. Très-belle épreuve avant les noms des
artistes.
— Le même, avec les noms.

694. Hyacinthe Rigaud; Berghem. 2 pièces. Très-belles
épr.

695. J.-Baptiste Silva, médecin, d'apr. Rigaud. In-8°. Belle
épr.

696. Van Dyck, Rubens, Téniers, etc. 5 petits portraits de
l'histoire des peintres de Decamps. Très-belles épr.
avant le texte au verso.

FIRENS (*Pierre*).

697. Marie de Médicis, reine de France. In-8°. Très-belle
épreuve.

FLAMEN (*Albert*).

698. Perdrix rouge, le Barbeau, la Perche. 3 pièces.

699. Le grand Canal de Longuetoise. R. D. 527. Belle épr.
du deuxième état; vue de Corbeil, du côté de la
Maladrerie. 536. Très-belle épr.

700. Vue du faubourg et de l'Église Saint-Victor. Belle épr.

701. Vue du campement de l'armée de Son Altesse Royale
au bout du faubourg Saint-Victor. 537. Très-belle
épreuve.

702. Vue de Saint-Germain et Corbeil, de dessus la rivière.
Épr. superbe.

FLIPART (*J.-J.*).

703. Mme Favart, d'apr. Cochin. In-4°. Très-belle épr.

FORNAZERI.

704. Marie de Médicis assise, tenant une corne d'abondance. In-4°. Très-belle épr.

FORSTER (*F.*)

705. Les trois Grâces, d'apr. Raphaël. Très-belle épr.

FORTUNIUS.

706. 1588. Monument à la Mort. A droite et à gauche, la Mort, formant cariatide, supporte un chapeau au-dessus duquel est une pyramide surmontée d'une tête de mort. Au milieu un cadran au centre duquel est la Mort. Au-dessus les trois Parques. Au faîte deux bras décharnés tenant un lourd pavé. Pièce sur bois imprimée en camaïeu. *Rare.*

FRAGONARD (*Honoré*).

707. Bacchanales. Jolie suite de 4 pièces à l'eau-forte. Très-belles épr.

708. A femme avare galant escroc, avant la lettre ; le mari battu et content, gravé par Delignon. 2 pièces. Très-belles épr. avec marges.

FRANÇOIS.

709. Cather.-Henriette d'Augennes, comtesse d'Olonne, d'apr. Champagne. In-4°. Très-belle épr.

FREUDEBERG (*S.*).

710. Le déjeuner, jeune femme assise à droite et donnant à manger à un perroquet. Charmante petite pièce. *Rare.* Épr. superbe avec marges .

FREY (*J. de*).

711. Isaac bénissant Jacob. Épr. avant toute lettre.

712. Bénédiction de Jacob. Très-belle épr. avant toute lettre.

713. Rembrandt, d'apr. lui-même ; autre portrait. 2 pièces avant la lettre.

FREY (J. de.)

714. Le Rieur. Superbe épr. avant toute lettre.

715. Syndics de la halle aux draps, d'apr. Rembrandt. Très-belle épr.

716. Vieillard vêtu à l'orientale, assis, et tenant un bâton, d'apr. Koninck. Très-belle épr.

FRISIUS.

717. Jean Passerat. In-4°. Très-belle épr.

FROSNE (J.).

718. Le petit de Beauchâteau, âgé de 11 ans. In-4°. Très-belle épr.

FYT (Jean).

719. Deux chiens courant. B. 12. Très-belle épr.

G.

720. Lantara en pied dans son intérieur, d'apr. Watteau fils. *Rare.* Très-belle épr.

GAILLARD (chez).

721. Le triomphe des filles de joie, et la punition remarquable d'un homme et de sa femme, convaincus de M...

GALLINARI (Jacques).

722. Vénus et l'Amour. B. 2. *Rare.* Très-belle épr. — On ne connaît que 2 pièces de ce maître.

GAMOT (J.).

723. L'abbé de Saint-Pierre, d'apr. de Troy. In-4°. Très-belle épr.

GANTREL (E.).

724. Mme de Miramion. In-8°. Superbe épr. avant la lettre signée au verso : *P. Mariette,* 1680.

GASPRE-POUSSIN

725. Paysage avec rivière traversée par un pont de pierre.
R. D. 5. Très-belle épr. du premier état.

GAUCHER (C.-S.).

726. Buffon, d'apr. Drouais, charmant portrait. In-8°. Très-
belle épr. avant la lettre.

727. Marie Leczinska, reine de France, d'apr. Nattier, charmant petit portrait dans un entourage de roses. Très-
belle épr.

728. Comte d'Estaing, d'apr. Houdon. In-8°. Très-belle
épr. avant la lettre.

729. De Piis, d'apr. François, joli portrait. In-8°. Très-
belle épr.

GAULTIER (Léonard).

730. Le Jugement dernier, d'apr. Michel Ange. Très-belle
épr.

731. Vue de Paris, 1607. Épreuve superbe.

732. La même pièce. Très-belle épr.

733. Jacques Amyot, évêque d'Auxerre. In-4°. Très-belle épr.

734. Alex. Bouchart, vicomte de Blosseville, conseiller au
parlement de Rouen, 1613. In-fol. Très-belle épr.

735. Le même. Très-belle épr.

736. Pierre Charron, Parisien. In-8°. Très-belle épr.

737. Henri de Bourbon, prince de Condé, âgé de 8 ans. Il
est en pied. In-8°. Très-belle épreuve.

738. Cardinal Duperron. In-8°.

739. Claude Fauchet, 1610. In-4°. Très-belle épr.

740. Henri de Gondy, évêque de Paris. In-8°. Très-belle
épr.

741. Olivier de Launay sieur de Guerngelin, contrôleur général de l'hôtel de Mme Eléonore d'Autriche,
reine de France.

*Ce portrait est une reproduction du portrait de Montaigne par
Thomas de Leu.*

GAULTIER (*Léonard*).

742. Henri d'Orléans, duc de Longueville, charmant portrait. In-4°. Très-belle épr.

743. Etienne Pasquier. In-8°. Très-belle épr.

744. Thomas Sonnet sieur de Courval, docteur en médecine. In-8°. Très-belle épr.

745. Marie Stuart. In-4°. Belle épr.

GELÉE (*Claude, dit le Lorrain*).

746. La Fuite en Egypte. R. D. 1. Superbe épreuve du deuxième état.

747. La Danse au bord de l'eau. 6. Très-belle épreuve du deuxième état.

748. Le Bouvier. 8. Charmant paysage. Très-belle épreuve du deuxième état, avec marges. *Rare.*

749. La même pièce. Très-belle épr. du troisième état.

750. La Danse sous les arbres. 10. Très-belle épreuve du deuxième état. *Rare.*

751. Le Port de mer au fanal. 11. Très-belle épr.

752. Le Départ pour les champs. 16. Très-belle épr.

753. Mercure et Argus. 17. Superbe épreuve du premier état.

754. Le chevrier. 19. Belle épreuve du deuxième état.

755. Le Temps, Apollon et les Saisons. 20. Très-belle épr. du premier état, des *collections* W. *Esdaile et Arozarena.*

GHEYN (*J. de*).

756. La Madelaine en méditation. Très-belle épr.

757. Officier portant sur l'épaule une arquebuse. Épreuve superbe.

758. Abraham Gorlée, d'Anvers, amateur très-versé dans la connaissance des médailles, des monnaies anciennes et des autres antiquités. In-4°. Épreuve superbe.

GHISI (*Adam*).

759. La Vierge allaitant l'enfant Jésus. B. 4. Hercule assis
près de Déjanire. 10. 2 pièces. Très-belles épr.

GHISI (*George*).

760. Hercule debout appuyé sur sa massue. B. 4. Les trois
Parques, d'apr. Jules Romain. 47. Premier état. 2
pièces.

761. Cupidon couché sur un lit près de Psyché, d'ap. Jules
Romain. B. 45. Très-belle épr.

GIFFART (*P.*).

762. Charles Dufresne-Ducange. In-fol. Belle épr.

GILLOT.

763. Sabbat de sorcières. Fête au dieu Pan. 2 pièces.

GIRARDET.

764. Pacte fédératif des Français le 14 juillet 1790.

GLAUBER (*Jean*).

765. Vue d'un bois agréable, traversé par un cours d'eau
près duquel on voit trois baigneuses. B. 11. Très-
belle épr.

GOLE (*Jean*).

766. Jean Marot, architecte, d'ap. Nicolas de Plate-Montagne. In-4°. *Rare*. Très-belle épr.

767. Barthold Lenoir Schwartz, inventeur de la poudre.
In-4°, à la manière noire.

GOLTZIUS (*Henri*).

768. La Circoncision. Très-belle pièce de la suite des chefs-
d'œuvre. B. 18. Très-belle épr.

769. Sainte Famille. B. 24. Très-belle épr.

770. La Vierge pleurant sur le corps de Jésus. B. 41. Très-
belle épr.

GOLTZIUS (*Henri*).

771. Mars et Vénus surpris par Vulcain. 139. Très-belle épr.
772. Niquet. 177. Beau portrait. In-8°. Très-belle épr.
773. Jean Zurenus. 189. Épr superbe.
774. Saint Jérôme, d'ap. Palma. 266. Très-belle épr.
775. Sainte Famille, d'ap. Spranger. 274. Très-belle épr.

GOMBOUST (*d'après*).

776. Plan de Paris, gravé en fac-simile par E. Lebel et publié par la Société des bibliophiles en 1856.

GOUDT (*Comte de*).

777. Cérès cherchant sa fille, d'ap. Elsheimer, pièce capitale du graveur. Épr. superbe.
778. Jupiter et Mercure chez Philémon et Baucis. Épr. superbe.
779. L'Auge conduisant Tobie, d'ap. Elsheimer. Belle épr.

GOYA (*Francesco.*)

780. Les Caprices. Recueil du 80 pièces. Suite des plus spirituelles du maître en un volume in-4°, cartonné. Très-belles épr. *Rare.*
781. D. Balthasar Carlos, prince d'Espagne, d'ap. Velasquez. Belle épr.
782. Don Gaspar de Guzman, comte d'Olivarez, d'ap. Velasquez, beau portrait équestre. Très-belle épr. avec marges.
783. Un nain de Philippe IV, d'ap. Velasquez. Très-belle épr.
784. Un nain, d'ap. Velasquez. Très-belle épr.
785. Bacchus couronné par des ivrognes, d'ap. Velasquez. Très-belle ép.
786. Le n° 2 de la Tauromaquia. Très-belle épr.

GOYA (*Francesco*).

787. Étude sur Francesco Goya, sa vie et ses travaux, par
M. G. Brunet. Paris, Aubry, 1865. In-4°. Fig. phot.,
broché.

GOYEN (*Van*).

788. Passage d'un bac. Très-belle épr.

GRANTHOMME (*J.*).

789. Théodore de Bèze, Philippe Melanchton. In-8°. 2 pièces.

GRATELOUP (*J.-B.*).

790. Bossuet, d'ap. Rigaud. Il est représenté debout, la
main gauche sur un livre. Très-belle épr. avec
marges.

GRATELOUP (*J.-P.-S.*).

791. Jeune fille coiffée d'une toque, d'apr. Grimou, Jolie
petite pièce. Très-belle épr.

GRAVELOT.

792. On voit à droite un homme couché dans un lit et endormi ; une femme à gauche écarte un rideau, et deux
autres femmes assises regardent avec une expression
d'étonnement. Ce sujet est séparé par un trait carré
d'une partie de la planche à gauche, où l'on voit différentes études de têtes, et au-dessus d'une figure de
femme : *Gravelot inv. et fec. Eau-forte rare.*

GREUZE (*J.-B. d'après*).

793. Buste de jeune femme avec coiffure et nœud au-
dessus du front, pièce signée au bas à droite : I. B. G.
Très-belle épr.

794. Jeune fille pelotonnant du fil, gravé par Claude Donat
Jardinier. Superbe épreuve avant toute lettre. *Très-
rare.*

795. La Tricoteuse endormie, gravé par Claude Donat
Jardinier, jolie pièce. Très-belle épr. avec marges.

GREUZE (*J.-B. d'après*).

796. L'Enfant gâté. On voit à droite un petit garçon donnant sa soupe à manger à un chien ; jolie pièce gravée
par Maleuvre. Superbe épr. ayant la lettre.

797. La Paix du ménage, gravé par Moreau jeune, et terminé par Ingouf. Très-belle épr.

798. La Philosophie endormie. C'est le portrait de madame
Greuze tenant un chien sur ses genoux. Epreuve de
de la pièce non terminée. Très-belle.

799. La même pièce. Très-belle épr. avec la lettre.

800. La Malédiction paternelle, jolie petite pièce, gravée de
mémoire par Moreau jeune.

801. Un jeune amant implorant la mère d'une jeune fille
qu'il a séduite, petite pièce gravée par Moreau jeune.
Très-belle épr.

802. Enfant assis tenant un chien, gravé par Ingouf. Très-
belle épr. avant toutes lettres. — La même pièce avec
la lettre.

803. Jeune fille lisant, gravé par Marie L. A. Boizot. Très-
belle épr.

GUELARD.

804. Le bureau typographique. Très-belle épr.

GUERARD (*Nicolas*).

805. Les embarras de Paris. Le Pont-Neuf vu du coté de la
rue Dauphine, pièce du temps de Louis XIV. *Très-
rare.*

806. Vue de la place des Victoires, avec description du
monument élevé à Louis XIV.

GUERIN (*C.*).

807. Richter, maître de chapelle de la cathédrale de Strasbourg. In-fol. Très-belle épr.

GUNST.

808. Antoinette Bourignon, auteur de plusieurs traités de spiritualité. In-4°. Superbe épreuve avant toute lettre.

HABERT. (N.).

809. Joseph Dominique, de la Comédie-Italienne (Arlequin), d'apr. Ferdinand. In-fol. 2 épreuves avec différences. La première avec l'inscription : *Bologne est ma patrie, et Paris mon séjour.*

810. Fiorelli dit Scaramouche, célèbre acteur de la Comédie-Italienne. In-fol. *Rare.* Très-belle épr.
— Autre portrait du même personnage.

811. Michel Lasne, dessinateur et graveur, natif de Caen, d'apr. Lebrun. In-fol. *Rare.* Très-belle épr. avec marges.

X 812. François Rabelais. Le même par *D. M.*, d'apr. Léonard de Vinci. Autre par Savart. 3 pièces.

HAEFTEN (*Nicolas Von*).

✗ 813. Son portrait à la manière noire. B. 1. Très-belle épreuve.

✗ 814. Un droguiste assis au-dessus d'une tablette sur laquelle on voit des fioles de différentes grandeurs. Plusieurs personnes arrivent de la gauche auprès du personnage assis, comme pour le consulter ; parmi elles, on remarque un paysan tenant un bâton et de l'autre son chapeau. *Cette pièce, portant la date 1697, n'est pas décrite par Bartsh.*

HAINZELMANN (G.).

815. Tavernier en pied, en costume oriental. In-4°. Très-belle épr.

HALBECK (J.-V.).

816. Portrait d'homme dans un ovale avec bordure sur laquelle on lit : *L'homme, après son âme, n'a rien plus précieux que bonne renommée. I.-V. H.,* 1596, In-8°. Très-belle épr.

HALEN (A. Van).

817. Jean Van Huysum, célèbre peintre de fleurs, d'apr.
Bonen. In-fol. à la manière noire. Très-belle épr.

HECKE (Jean Van den).

818. Le chien et la chienne. B. 5. Le chien près de la fontaine. 7. 2 pièces. Très-belles épr.

HEINEKEN (Charles-Frédéric de).

819. Son portrait gravé par lui-même, d'apr. le dessin
d'Aug. Saint-Aubin en 1770. In-4°. *Rare.* Très-belle
épreuve.

HELMAN.

820. Le Charlatan français, d'apr. Bertaux. Très-belle épr.

HESS.

821. Naissance de Jésus, Jésus mis au tombeau, la Résurrection, l'Ascension. 4 pièces, d'apr. Rembrandt.
Très-belles épr. La Résurrection est avant la lettre.

HEYDEN (Jacob Van der).

822. La cathédrale de Strasbourg; la même par Isaac
Brunn. 2 pièces.

H. L. (maître au monogramme).

823. Sainte Véronique tenant la sainte face. Pièce gravée
sur bois. Très-belle épr.

HOGARTH.

724. Effet soporifique d'un sermon; Christophe-Colomb
démontrant comment on peut faire tenir un œuf en
équilibre. 2 pièces.

825. Modern conversation, pièce satirique. Belle épr.

HOGENBERG.

8 26. Marguerite de Valois, reine de Navarre. In-8°. Épr.
faible.

827. Ignace de Loyola. In-8°. Très-belle épr.

HOLBEIN (*Jean*).

828. Érasme de Rotterdam debout, une main appuyée sur un terme, pièce gravée sur bois. *Rare.*
— Le même personnage, d'apr. Holbein, gravé sur cuivre. Très-belle épr.

829. Pièces tirées de la Danse des morts. 6 pièces imprimées au recto et au verso ; en tout, 12 sujets. Sur bois.

830. Jeanne Gray, *Vingaerde ex.* In-4°. Belle épr.

HOLLAR (*Wenceslas*).

831. Son portrait, petit in-4°. Très-belle épr. avant le texte au verso.

832. Composition de quatre figures, en tête desquelles est Jésus portant l'Agneau.

833. La cathédrale d'Anvers. Superbe épr. du premier état, avec une seule ligne d'écriture.

834. Manchons, dentelles, etc., jolie pièce. Très-belle épr.

835. Dames en pied. 3 jolis costumes. Épr. superbes.

836. Buste de jeune femme, d'apr. Martin Schongauer. Belle épr.

837. Tête de jeune homme, d'apr. Biler. Très-belle épr.

838. Lions, d'apr. Rubens. Belle épr.

839. Un Canard. Très-belle épr.

840. Petites marines. 3 pièces.

841. Pierre Arétin, d'apr. le Titien. In-4°. Très-belle épr.

842. P. Van Avont, d'apr. lui-même dans un médaillon entouré d'enfants. In-4° oblong. Épr. superbe.

843. Daniel Barbaro, d'apr. le Titien. Très-belle épr.

844. Étienne de Labelle. In-8°. Superbe épr. avant le texte au verso.

845. Henri Vander Borcht, d'apr. Holbein. In-8°. Très-belle épr.

846. Portrait de Baffamalcco, peintre vénitien, d'apr. le Giorgion. Très-belle épr.

847. Gio della Casa, d'apr. le Titien. Très-belle épr.

HOLLAR (*Wenceslas*).

848. Charles Ier, d'apr. Van Dyck, ovale. In-4°. Belle épr.
849. Charles II, roi d'Angleterre, d'apr. Van Dyck. Très-belle épr.
850. Le père d'Albert Durer, d'apr. Albert Durer. In-4°. Très-belle épr.
851. Le portrait d'Albert Durer, d'apr. lui-même. In-4°. Épr. superbe.
852. Jacob van Es, d'apr. Meyssens. In-4°. Très-belle épr.
853. Jean Evelyn, amateur des beaux-arts, d'apr. Van Dyck. Très-belle épr.
854. Véritable portrait de Giorgion de Castelfranco. Très-belle épr.
855. Ignace Jones, architecte anglais, d'apr. Van Dyck. In-4°. Très-belle épr.
856. Marguerite Lemon, d'après Van Dyck, charmant portrait. Très-belle épr.
857. Mathieu Merian. In-4°. Très-belle épr.
858. Comtesse de Portland, d'apr. Van Dyck. Très-belle épr.
859. Raphaël d'Urbin, d'apr. lui-même. Très-belle épr.
860. Pierre-Paul Rubens dans un cartouche ornementé. Très-belle épr.

HONDIUS (*Henri*).

861. Fête de village, d'apr. P. Breugel. Très-belle épr.
862. Jean Van Eyck; Jacques Binck; J. de Gein, 3 portraits. In-4°. Très-belles épr.

HOOGHE (*Romyn de*).

863. Le roi d'Espagne agenouillé ouvrant la portière d'une voiture dans laquelle va monter un prêtre qui porte le Saint-Sacrement! Très-belle épr.

HOPFER (*Daniel et Gérôme*).

864. Le Christ en croix, par Daniel Hopfer ; le canon, d'apr.
Albert Durer, par Jérôme Hopfer. 2 pièces.

865. Le Jugement dernier. B. 15. Très-belle épr.

866. Léon X, pape, et Jules de Médicis en regard l'un de
l'autre.

HORTHEMELS (*Madelaine*).

867. Cloître de Port-Royal-des-Champs. 13 pièces.

HOUBRAKEN (*J.*).

868. Son portrait, d'apr. Quinkhard. In-fol. Le même, d'apr.
Pothoven. In-4°. 2 pièces. Très-belles épr.

869. Cardinal Fleury, d'apr. Autreau. In-fol. Très-belle
épr.

870. Pieter Cornelizoon Hooft, d'apr. Mirevelt. In-fol.
Très-belle épr.

871. Romyn de Hooghe. In-fol. Très-belle épr. avant toute
lettre.

HOUE (*Paul de la*). Ex.

872. Marie de Médicis, princesse de Lorraine. 1600. Joli
portrait. In-8°. Très-belle épr.

HUBNER (*B.*).

873. Jean Holbein, d'après lui-même. Le même par Hollar. 2 pièces.

HUMBLOT (*d'après*).

874. Hôtel de Soissons établi pour le commerce du papier
en 1720 ; la rue Quinquempoix. 2 pièces. La Fortune
des actions par B. Picart ; l'Agioteur élevé par la fortune ; la Justice détruisant la fortune de l'agioteur.
En tout, 5 pièces.

HURET (*Grégoire*).

875. François de la Rochefoucault. In-4°. Très-belle épr.

H. S. B. 1532. H. X. C.

876. Sebald Beham en buste. Dans une tablette au-dessous
une inscription latine en quatre lignes commençant
ainsi : *Quos cernis vultus.* . . .

I. B.

877. La Lune sous la forme de Diane. B. 17. Très-belle
épr.

JODE (*Pierre de*).

878. Jean Boccace, d'apr. Titien. Belle épr.

879. Pierre de Francavilla, architecte, d'apr. Bunel. ln-fol..
Très-belle épr.

880. Jacques Jordaens, d'apr. Vandyck. Superbe épreuve
avec les initiales : *G. H.*

881. André Colyns de Nole, d'apr. Vandyck. Très-belle
épr. avec les initiales : *G. H.*

882. Quintinus Simons, d'apr. Vandyck. Très-belle épr.
signée au verso : *P. Mariette*, 1694.

883. Jean Snellinx, d'apr. Vandyck. Superbe épreuve du
premier état, avant le nom du graveur et avant les
deux lignes au-dessous du nom du personnage.
Rare.

884. Le même. Très-belle épreuve avant que les initiales
G. H. aient été effacées.

885. Diodorus Tuldenus, d'apr. Vandyck. Très-belle épr.

ISAAC (*Gaspar*).

886. Loiseau. ln-4°. Très-belle épr.

887. Pierre Terrail seigneur de Bayard ; Bertrand du Gues-
clin, 2 portraits. In-4°. Très-belles épr.

JANINET.

888. L'Amour, la Folie, 2 charmantes pièces en couleur,
d'après Fragonard. Très-belles épr.

889. Deux jeunes femmes dont une assise écrit une lettre ;
jeune femme debout présentant un petit chien à une

autre jeune femme qui est assise. 2 pièces en couleur,
d'après Lawreince.

890. 1779. Mlle Duthé, charmant portrait imprimé en
couleur. *Rare.*

891. La même pièce, l'ovale seul. Très-belle épr.

892. Mme Favart, Mme Belcourt, Mme Vestris, Mlle Raucourt, Mme Sainte-Huberti, Préville. 6 pièces.

893. Sortes de jeunes femmes avec coiffures époque Louis
XVI, 8 médaillons ronds en couleur sur la même
feuille.

894. Foire hollandaise, d'apr. Van Ostade, en couleur.
Très-belle épr.

JEAURAT (*d'après*).

895. La Place des Halles, gravé par Aliamet. Très-belle
épr.

JEAURAT (*Étienne*).

896. Pierre Puget, sculpteur. In-fol. Très-belle épr.

JORDAENS (*d'après*).

897. La Folie tenant une glace dans laquelle une jeune
femme se regarde. Très-belle épr.

KAUFFMANN (*Angelica*).

898. Mariage mystique de sainte Catherine, d'après le Corrége. Très-belle épr.

KOBELL (*Henri*).

899. Une chaumière au bord de l'eau, effet de jour. Belle
pièce à l'eau-forte. — La même pièce, effet de nuit.
Les poules qui se trouvaient devant la maison ont été
supprimées. 2 pièces. Très-belles épr.

900. Vue prise sur les bords de la mer. On voit dans le fond
un grand nombre de moulins à vent. Très-belle épr.

901. Une marine. Très-belle épreuve.

LAER (*Pierre de*).

902. La Famille. B. 15. Ce morceau est ce que le maître a
gravé avec le plus de soin. Très-belle épreuve.

LAFAGE (*Raymond*).

903. Fête à Bacchus, bacchanale. R. D. 11. Très-belle épr.

LAGNIET (*I.*).

904. Plan de Paris avec la chronologie des rois de France
jusqu'à Louis XIV.

LAHYRE (*Laurent de*).

905. La Vierge, l'enfant Jésus et le petit saint Jean. R. D.
9. Le corps de Jésus dans le sépulcre, 12. 2 pièces.
Très-belles épr.

LAIRESSE (*G. de*).

906. Jeune femme nue couchée au pied d'un arbre, ayant
près d'elle un enfant. Très-belle épr.

LANCRET (*d'après*).

907. Les oies du frère Philippe, gravé par Larmessin. Première et très-belle épr. avec l'adresse du graveur.

LANDRY (*P.*).

908. Louis XIV, charmant petit portrait. Très-belle
épreuve.

909. Allain Manesson Mallet, ingénieur des camps et
armées du roi de Portugal. In-8o. Très-belle épr.

LANGLOIS (*à Paris, chez Jacques*).

910. Almanach pour l'année 1704. Dans la partie supérieure, Louis XIV assis entouré des princes et prin-
cesses de la cour, reçoit du chevalier de Croissy la
nouvelle de la prise de Landau, par le maréchal de
Tallard le 18 novembre 1703. Très-belle épreuve.

LANGLOIS.

911. Mlle Crozat. In-8°. Très-belle épr. avant la lettre. La
même, avec la lettre.

LANTARA (*d'après*).

912. Vue de l'île Louvier, vue de l'enfant Jésus, séminaire de l'Oratoire, Observatoire de Paris, Barrière du Petit Cours, 4 pièces. Très-belles épr.

LARMESSIN (*de*).

913. Duguay-Trouin. In-4°. Très-belle épr.

914. Raphaël et son maître d'armes. Très-belle épr.

LASNE (*Michel*).

915. Apparition de la Vierge à saint Antoine, d'apr. Simon Vouet. Très-belle épr. *5.8*

916. Portrait de la maison royale de Fontainebleau. *5.8*

917. Balthasar Baro, d'apr. Ferdinand. In-4°. Très-belle épr. signée au verso : *P. Mariette*, 1660.

918. Le cardinal de Berulle, debout, vu jusqu'aux genoux. In-fol. Très-belle épr.

919. François de Chanvallon, archevêque de Rouen. In-fol. Belle épr.

920. Jean-François-Paul de Gondi, cardinal de Retz. In-fol. Très-belle épreuve.

921. François de Harlay, archevêque de Paris, d'apr. Dumoustier. In-fol. Harlay de Chanvallon par Larmessin. In-4°. 2 pièces.

922. Pierre Corneille. In-4°. *Rare*. Très-belle épreuve.

923. Pierre Corneille. In-8°. Très-belle épr. *5.5*

924. Pierre Corneille dans un médaillon ovale. In-4°. Très-belle épr.

925. Jean-François de Gondy, premier archevêque de Paris. In-8°. Très-belle épr.

926. Le R. P. Joseph de Paris, capucin. In-4°. Très-belle épr.

927. Isaac de Loffemas, lieutenant civil en la prevosté de Paris. In-fol. Très-belle épr.

928. Jean Loret, 1656. In-4. Très-belle épr.

LASNE (*Michel*).

929. Michel de Marillac. In-8°. Très-belle épr.

X 930. Cardinal Mazarin assis dans un fauteuil. In-fol. Très-belle épr, *B. 15*

931. Jean-François Niceron. In-fol. Belle épr.

932. Denis Petau, de la Société de Jésus. In-4°. Belle épr.

933. Jean Puget de la Serre, d'apr. Vandyck. In-fol. Très-belle épr.

934. François Quesnel, peintre. In-4°. Très-belle épr.

935. Le cardinal de Richelieu dans un médaillon ovale soutenu dans le haut par deux anges, dont l'un tient une ancre. In-fol. Très-belle épr. signée au verso : *P. Mariette*, 1674.

936. Barthélemy Tremblet, sculpteur du roi. In-fol. Très-belle épr.

937. Verdun, président au parlement de Paris. In-4°. Très-belle épr.

938. Le peintre à son chevalet; jeune homme debout jouant du luth ; les fines ruses de l'Amour, 3 jolies pièces. Très-belles épr.

LASTMAN (*Pierre*).

939. Juda et Thamar. *Claussin, supplément, page* 134, *n°* 18. Très-belle épr.

~~LAUGIER.~~ *Lignon*

940. Nicolas Poussin. In-fol. Très-belle épr. avant la lettre.

LAUTENSACK (*H.*).

941. Paysage en hauteur où l'on voit à droite, à mi-hauteur de la planche, le soleil dardant ses rayons. Très-belle épr.

LAVRINCE (*d'après*)

942. Jamais d'accord, gravé par Legrand, en couleur. Très-belle épr.

LEBAS (*Jacques Philippe*).

943. Cazes, d'apr. Aved ; Robert le Lorrain, sculpteur, d'apr. Drouais. In-fol. 2 pièces. Très-belles épr.

944. Promenade du soir. d'apr. Joseph Vernet; Foire de Venise, d'ap. Parrocel. 2 pièces. Très-belles épr.

LEBEAU.

945. Marie Leczinska, reine de France ; au bas dans une tablette, vue de l'église de Saint-Denis. Charmant portrait In-4°. Première et superbe épr. avec l'adresse du graveur.

946. La comtesse Dubarri, d'apr. Marilly. In-8°. Très-belle épr.

947. Mme Dugazon, de la Comédie-Italienne. In-4°. Très-belle épr.

948. Mademoiselle Raucourt. In-4°. Très-belle épr.

949. Mademoiselle Duthé, d'apr Lainé. In-4°. Très-belle épr.

950. Alexandre Pope, d'apr. Kneller. In-8°. Très-belle épr.

951. Tourville amiral, d'apr. Desrais. In-4°. Belle épr.

LECLERG (*Jean*). Ex.

952. Catherine de Bourbon, sœur unique du roi Henri IV. In-8°. Belle épr.

LECLERC (S.).

953. Figures de la passion de Jésus-Christ, suite de 36 pièces. Très-belles épr.

954. Vues de plusieurs petits endroits des faubourgs de Paris, suite complète de 12 pièces. Très-belles épr.

955. Représentation des deux machines qui ont servi à élever les deux grandes pierres qui couvrent le fronton de la principale entrée du Louvre.

956. Le May des Gobelins. Très-belle épr.

957. Fondation du Jardin des plantes par Louis XIV. Belle épr.

LECLERC (S.)

958. Médailles en l'honneur de Louis XIV, avec vue de Paris au-dessous. Très-belle épr.

959. Entrée d'Alexandre dans Babylone. Très belle épr. avec la tête d'Alexandre vue de profil.

960. Puer parvulus; multiplication des pains; Apothéose d'Isis ; galerie des Gobelins. 4 pièces. Très-belles épr.

(LECOMTE (N.)

961. La Vierge et l'enfant Jésus, d'apr. Raphaël, avant la lettre; même sujet par Romonet; sainte Marguerite par Leroux ; transfiguration par Niquet; sainte Cécile par Rosaspina; Judith par Toinette Larcher. 6 pièces, d'apr. Raphaël.

LEFEBURE (*Claude*).

962. Boudan. imprimeur en taille-douce. R. D. 2. Très-belle épr.

963. Charles Patin, médecin. R. D. 3. Très-belle épr. du premier état.

LEGRAND (*Louis*).

964. Ballet des muses, allégorie pour les menus plaisirs du roi, d'apr. Depalmeus. Très-belle épr.

LEMIRE (N.).

965. Louis XV, médaillon. In-8°. Très-belle épr.
966. Louis XVI, d'apr. Duplessis. In-4°. Très-belle épr.
967. Jeanne d'Arc. In-8°. Très-belle épr.
968. La galerie du Palais, d'apr. Gravelot, très-jolie pièce. Épr. superbe.
969. Le Gâteau des Rois (partage de la Pologne). Très-belle épr.

LEMPEREUR (L.).

970. Marguerite Lecomte, d'apr. Watelet, charmant portrait. In-4°. Épr. superbe avec marges.

971. Etienne Jeaurat, d'apr. Roslin. In-fol. Très-belle épr.

LENFANT.

972. Nicolas Blasset, architecte et sculpteur. In-fol. *Rare.* Très-belle épr.

973. L'abbé de Coislin, d'apr. Nanteuil. In-fol. Épr. superbe·

LÉONI (*Octave*).

974. Louis Ludovisius, cardinal, vice-chancelier. In-4°. Épr. superbe, signée au verso : *P. Mariette,* 1862.

975. Galilée; Pierre-Francesco Pauli de Pesauro. 2 pièces.

976. Marcellus Provenzalis. Très-belle épr.

977. Jean Laurent Bernin, Le Guerchin, Christophe Roncalis, Thomas, Salinas, Antonio-Tempesta, Simon Vouet, 9 pièces. Très-belles épr.

LEPAUTRE (*Jean*).

978. Son portrait dans un médaillon entouré d'une couronne de fleurs. Très-belle épr. avant la lettre.

979. Dame en habit de ville; homme en habit d'épée, 2 pièces.

980. Statue équestre de Louis XIV sur la place des Victoires. Très-belle épr,

981. Magasin royal des armes à la Bastille.

LEPICIÉ.

982. Molière d'apr. Ch. Coypel. In-4°. Très-belle épr.

LEROUX

983. La Vierge tenant l'enfant Jésus, d'apr. le Corrége. Très-belle épr.. avant la lettre.

LESUEUR (*Eustache*).

984. Sainte Famille à mi-corps, seule pièce gravée par le maître, R. D. vol. I. Très-belle épr. du premier état *Rare.*

LEU (*Th. de*).

985. Henriette de Balzac, maîtresse de Henri IV, charmant portrait. In-8°. Magnifique épr.

LEU (*Th. de*).

986. Catherine de Bourbon, sœur unique du roi. In-4°. Très-belle épr

987. Le connétable de Bourbon In-8°. Épr. superbe.

988. Louise Bourgeois, sage-femme. In-8°. Très-belle épr.

989. Antoine Caron, peintre. In-8°. Très-belle épr.

990. Catherine de Médicis. In-8°. Belle épr.

991. Portrait de Dante Alighieri dans un médaillon ovale tenu par deux amours, placé au-dessus du titre de : *La Comédie de Dante*, etc. *A Paris*, 1596. In-8°. *Très-rare*. Épr. superbe.

992. François Ier, roi de France. In-8°. Très-belle épr. avant la retouche. Elle est signée au verso : *P. Mariette*, 1675.

993. François Ier, Henri II, 2 portraits in-8°. Belles épr.

994. Gabrielle d'Estrées, marquise de Monceaux, charmant portrait. In-8°. Épr. faible.

995. Henri IV coiffé d'un chapeau avec plumes sur le devant. Très belle épr. d'un beau portrait. Il est rogné autour de l'ovale.

996. Henri IV et Marie de Médicis, tirés en regard l'un de l'autre sur la même feuille. *Très-rares*. Magnifiques épr.

997. Louise de Lorraine. In-8°. Épr. superbe.

998. Montaigne. In-8°. *Rare*. Très-belle épr. C'est le portrait le plus authentique du personnage.

999. J. Passerat. In-8°. Épr. superbe.

1000. Philippe II, roi d'Espagne. In-8°. Très-belle épr.

1001. François Ranchin, médecin, charmant portrait in-8°. Épr. superbe.

1002. Marie Stuart. Belle épr. avant la retouche.

1003. Marie Stuart, reine de France et d'Ecosse. In-8°. Belle épr.

LEVACHEZ (*à Paris chez*).

1004. Vue du Palais-Royal, prise du côté du Méridien, d'apr. Maréchal, jolie petite pièce imprimée en bistre.

LEVILLAIN.

1005. Prault fils aîné, libraire, quai des Augustins; à la Vache noire, rue de Grammont, 10 ; Houdemart, droguiste, rue Vieille-Monnaie. **3 adresses.**

LEYDE (*Lucas de*).

1006. Dieu défendant à Adam et Eve de toucher au fruit de l'arbre de vie. B. 2. Superbe épr. *de la collection Debois.*

1007. Eve séduite par le serpent. 3. Très-belle épr.

1008. Adam et Eve pleurant la mort d'Abel. 6. Très-belle épr.

1009. Le péché d'Adam et Eve. 9, Eve, accroupie sur une jambe repliée, présente le fruit défendu à Adam. Épr. superbe.

1010. L'homme de douleurs. 76. Belle épr.

1011. La Vierge debout sur un croissant dans une gloire. 82. Belle épr.

1012. L'opérateur. 157. Belle épr.

1013. Portrait de Lucas de Leyde par lui-même. 173. Belle épr.

L. H. A.

1014. Savinien Cyrano de Sergerac. In-4o. Très-belle épr.

LINGÉE (*Mme*).

1015. M. Lenoir, lieutenant général de police, d'apr. Pujos. In-4o. Très-belle épr.

LIOTARD (*I. F.*).

1016. René Hérault, lieutenant général de police. In-fol. *Rare.* Très-belle épr.

LITTRET.

1017. Son portrait gravé par lui-même, effet de clair obscur. In-4o.

1018. La marquise de Pompadour, d'apr. Schenau. In-4o. Belle épr.

LIVENS (*Jean*).

1019. Saint Jérôme. C. 5. Belle épr., signée au verso: *Rech-
berger*, 1807.

1020. Les joueurs et la mort. C. 11. Très-belle épr. avec
l'adresse de Wingaerde.

1021. Daniel Heinsius. C. 57. Très-belle épr. *de la collection
Donnadieu*.

LOCHON (*René*).

1022. Jacques-Auguste de Thou, d'apr. Dumoustier. In-fol.
Très-belle épr.

LOMBART (*P.*).

1023. Anne Hyde, femme de Jacques II, d'apr. Lelly. In-8°.
Belle épreuve, doublée.

1024. Vincent Nevelet. In-fol. Très-belle épr.

LOUTHERBOURG.

1025. Les quatre parties du jour. Suite de 4 pièces. Belles
épr.

LOUVRE (*calcographie du*).

1026. Fac-simile de dessins de maîtres. 8 pièces.

LUBIN (*Jacques*).

1027. Arnault d'Andilly; Antoine Godeau. In-fol. 2 pièces.
Très-belles épr.

1028. Pierre Corneille; le même, par Cars fils, et B. Picart.
3 pièces.

1029. Prince de Condé, Turenne, Voiture. 3 pièces. Très-
belle épr.

1030. Charles Lebrun. In-fol. Belle épr.

1031. Nicolas Venette, médecin. In-8°. Très-belle épr.

LUTMA (*Jean*).

1032. Jean Lutma, orfévre; Janus Lutma. 2 pièces. Très-
belles épreuves.

MAÈS (*P.*).

1033. Des anges offrant une corbeille de fleurs à l'Enfant Jésus assis sur les genoux de la Vierge. Très-belle épr.

— Contre-épreuve de cette pièce.

MALLERY (*E. de*).

1034. Garnier, poëte. In-8°. Belle épreuve.

MANTEGNA (*André*).

1035. Hercule étouffant Antée. B. 16. Très-belle épr. manquant de conservation.

MARATTE (*Carle*).

1036. L'Annonciation. B. 2. La sainte Vierge et la Madelaine. 6. 2 pièces. Très-belles épreuves du premier état, avant le nom du maître.

MARIETTE (*J.*).

1037. La duchesse de Ventadour ; la marquise de Villequier, 2 portraits en pied. Très-belles épr.

1038. Mme la duchesse de Ventadour ; princesse Palatine, duchesse d'Orléans ; princesse de Conti, douairière ; Mme de Maintenon à l'église, et comme fondatrice de la maison de Saint-Cyr. 5 pièces. Très-belles épreuves.

1039. Hôtel de Toulouse, plan, coupe et élévations, et décorations intérieures. 12 pièces.

MAROT (*Jean*).

1040. Recueil des plus beaux édifices et frontispices des églises de Paris. Suite de 12 pièces y compris le titre. Premières et très-belles épreuves *avec l'adresse de van Merlen*.

1041. Église de Paris. Suite de 12 pièces numérotées. Très-belles épreuves avec l'adresse de Mariette.

1042. Église Saint-Denis, église du Temple, église Saint-

André-des-Arts, l'Oratoire, Saint-Roch, cloître et église du grand prieuré du Temple, église des Bernardins, maison et église des pères de l'Oratoire, église des Incurables, arc-de-triomphe à Stockolm. 10 pièces. Très-belles épr.

1043. Hôtels de Liancourt, de la Vrillière, de Chevreuse, Bautru. 6 pièces. Très-belles épr.

1044. Hôtel de la Vrillière. 3 pièces.

MARTIN (J. B.).

1045. Silphe, Furie, Paysan galant, Faune. 4 pièces. Costumes de théâtre.

MARTINET.

1046. Bal du May donné à Versailles pendant le carnaval de 1763, d'apr. Slodtz. Très-belle épr. avec marges.

MARTINI.

1017. Exposition au salon du Louvre en 1787. Très-belle épr.

MASSARD (J.-B.-L.).

1048. Bonaparte, 1er consul; même personnage, par Benoît; Murat, par Gautier. 3 pièces.

MASSARD (L.).

1049. Habeneck, fondateur de la Société des concerts. Très-belle épr.

MASSARD (Urbain).

1050. Jupiter et Antiope, d'apr. le Corrége. Très-belle épr. avant toute lettre.

MASSON (Antoine).

1051. Emmanuel-Théodose de la Tour d'Auvergne, duc d'Albret, d'apr. N. Mignard. R. D. 14. Superbe épr. du premier état.

MASSON (*Antoine*).

1052. Guillaume de Brisacier, d'apr. N. Mignard. R. D. 15.
Superbe épr. du deuxième état, avec le nom écrit :
Brisasier, et le mot : *segretaire* au lieu de secretaire.

1053. Marin Cureau de la Chambre, d'apr. P. Mignard. 24. Superbe épr. du premier état, avec grandes marges.

1054. Pierre Dupuis, peintre de fleurs, d'apr. N. Mignard.
25. Très-belle épr.

1055. Madame Helyot. 36. Très-belle épr.

1056. Louis XIV, d'apr. Charles Lebrun. 43. Très-belle épr.

1057. François Rouxel de Médavy, archevêque de Rouen.
51. Superbe épr. du deuxième état.

1058. Gui Patin, médecin. 59. Belle épr. du deuxième état.
Le même personnage coiffé d'une toque. In-4°. Anonyme.

1059. Charles Patin, médecin. 60. Très-belle épr.

MATHAM (*J.*).

1060. Sainte Madeleine, d'apr. Goltzius. Très-belle épr.

1061. Adoration des bergers, d'apr. Bloemaert. Très-belle
épr.

MATHAM (*Théodore*).

1062. Michel Leblond, d'apr. Vandyck. Très-belle épr.

MATHÉUS (*Manière de*).

1063. Le très-victorieux et très-libéral roi de France Charles VII. In-8°. Très-belle épr.

MATHEY.

1064. Lalande, compositeur de musique. In-8°. Très-belle
épr. avant la lettre.

MATHONIÈRE (*N. de*).

1065. Anne d'Autriche, reine de France. In-8°. Très-belle
épr.

AUPERCHÉ.

1066. L'ange se découvre à Tobie. R. D. 7. Très-belle épr.
du premier état, *de la collection Debois*. Paysage gravé
par Goyrand, d'apr. Mauperché. 2 pièces.

MEER (*Jean Van der*).

1067. La brebis debout. B. 2. Très-belle épr.

MELLAN (*Cl.*).

1068. La sainte face. Très-belle épr.

1069. La Magdelaine. Très-belle épr. d'une jolie pièce.

1070. Divi Bernardi operum ; de Imitatione Christi ; Loth et
ses filles; Judith. 4 pièces. Très-belles épr.

1071. Anne d'Autriche, reine de France. In-fol. Très-belle
épr.

1072. Alphonse, cardinal-archevêque de Lyon. In-4°. Très-
belle épr. signée au verso : *P. Mariette*, 1660.

1073. Cardinal Bentivoglio. In-4°.

1074. J.-Pierre Camus, évêque de Bellay; le même personnage par un anonyme. 2 pièces.

1075. Charles de Condren. In-4°. Très-belle épr.

1076. Charles de Créqui ; Saint-Bonnet de Toiras, maréchaux
de France. 2 pièces.

1077. Nicolas Fouquet, surintendant des finances. In-fol.
Très-belle épr.

1078. Louise-Marie de Gonzague, reine de Pologne. In-fol.
Très-belle épr. avec marges.

1079. Marquis de Maisons. In-fol. Très-belle épr.

1080. Henri de Montmorency. In-4°. Très-belle épr.

1081. De Perieu. In-4°. Belle épr.

1082. Pierre Seguier, chancelier de France. In-fol. Très-
belle épr.

1083. Abel de Servien. In-4°. Belle épr.

1084. Joseph Trallier, médecin. In-8°. Épreuve superbe,
signée au verso: *P. Mariette*, 1654.

MERCURI (*P.*).

1085. Sainte Amélie, d'apr. Paul Delaroche. Très-belle épreuve, papier de Chine.

1086. Les Moissonneurs, d'apr. Léopold Robert. Très-belle épr. avant la lettre, papier de Chine.

1087. Mme de Maintenon. charmant petit portrait, d'apr. Petitot. Superbe épreuve avant la lettre, *donnée par Mercuri à son ami Pedretti*.

1088. Mme de Maintenon, d'apr. Petitot. Très-belle épr. avec l'entourage ornementé.

1089. Le Tasse. Très-belle épr. papier de Chine.

MEUNIER (*manière de*).

1090. Vue du Louvre par le dedans. On voit dans la cour, à gauche, une fontaine surmontée d'un obélisque qui était sans doute un projet de l'époque. *Pièce rare.* Très-belle épr.

MEYERINGH (*A.*).

1091. La Pêche aux écrevisses. B. 20. Première et très-belle épr. avant des travaux sur la montagne du fond.

MICHEL (*J. B.*).

1092. De Bonneval, de la Comédie Française, d'apr. Huquier. In-fol. Très-belle épr.

MIELE (*Jean*).

1093. Le Berger. B. 1. Epreuve superbe, *de la collection Robert Dumesnil.*

1094. Vieille femme assise. 2. Belle épr.

1095. Paysan assis se retirant une épine du pied. 3. Très-belle épr.

MIGER.

1096. Mme Geoffrin. In-4°. Très-belle épr. avant la lettre. *Rare.*

MIGNARD (*Pierre*).

1097. Sainte Scholastique, agenouillée, les mains elevées vers la Vierge et l'enfant Jésus, seule pièce gravée par le maître. R. D. vol. 1, page 109. Très-belle épr.

MOITTE.

1098. Jean Restout, peintre, d'apr. Latour. In-fol. Très-belle épr.

MOLYN (*P.*).

1099. Un paysage avec figures. B 4. Très-belle épr.

MONDHARE (*et Jean*).

1100. Mme Dugazon, de la Comédie italienne. In-4° en couleur.

1101. Carlin Bertinazzi. In-4° en couleur ; le même, d'apr. Delorme. 2 pièces.

MONSALDY.

1102. Mme Dugazon, d'apr. Isabey. In-4° en couleur.

MONTAGNE (*Michel*).

1102 *bis*. Le quai en avant des ruines. R. D. 13. Le port de mer aux rayons du soleil. 20. 2 pièces. Très-belles épr. du premier état.

MONTAGNE (*Nicolas de Plate-*)

1103. Pierre, cardinal de Bérulle. R. D. 20. Très-belle épr.

MONTCORNET (*B.*).

1103 *bis*. Anne d'Autriche à cheval. In-4°. Epreuve superbe.

1104. Louis de Bourbon, prince de Condé ; Armand de Bourbon, prince de Conti. 2 portraits équestrés. In-4°. Très-belles épr.

1105. Olivier Cromwel à cheval. In-4°. Très-belle épr.

1106. Concini, marquis d'Ancre. In-8°. Très-belle épr.

...TCORNET (B.).

1107. Henri, César de Vendôme ; le duc d'Anjou. 3 portraits équestres. In-4°. Très-belles épr.

1108. Louis XIV jeune. In-4°. Très-belle épr.

1109. Marguerite de France, première femme de Henri
IV. In-4°. Très-belle épr.

1110. Anne Martinozzi, princesse de Conti, dans une bordure de forme octogone. Petit in-fol. Très-belle épr.

MOOR (Carle de).

1111. Jean van Goyen, à l'eau-forte. Très-belle épreuve.

MOREAU (jeune).

1112. Place Louis XV, 1770. Charmante petite pièce. Épreuve
superbe, de la collection R. Dumesnil.

1113. Rameau se promenant dans un parc, et arrivant près
d'une jeune dame assise à gauche. In-8°. Très-belle épr.

MOREAU (d'après).

1114. Les Précautions. Une jeune dame s'apprête à monter
dans une chaise-à-porteurs. Épreuve d'eau-forte.

1115. Deux dames s'entretenant avec une jeune femme à
demi couchée sur un lit. Très-belle épr. sans marges.

1116. Les adieux ; dame du palais de la reine ; le rendez-
vous pour Marly ; n'ayez pas peur, ma bonne amie ;
réductions. In-8°. 4 pièces. Très-belles épr.

MASSARD (R. U.).

1117. La Danse des Muses, d'après J. Romain. Très-belle
épreuve avant la lettre, encadrée.

MORGHEN (Raphaël).

1118. Mater divinæ gratiæ, d'apr. Garafolo. Belle épr.

1119. La Fornarina, d'apr. Raphaël. Très-belle épr.

1120. La Dante, Schiller, Alexandre Volta ; autres portraits
par divers. 8 pièces.

MORGHEN (R.).

1121. Élisa, grande duchesse de Toscane ; Marie-Louise, infante d'Espagne, reine régente d'Étrurie en regard de Charles-Louis, roi d'Étrurie. 2 pièces.

1122. Prince de Nassau, d'apr. Mireveld. Superbe épr. du premier état, tirée sur papier romain, avant l'adresse d'Artaria.

1123. En tête de : *Monte Redimibile*, d'apr. Lapi. Très-belle épr.

MORIN (Jean).

1124. La Vierge tenant sur ses bras l'enfant Jésus, d'apr. Philippe de Champagne. R. D. 19. Très-belle épr.

1125. Anne d'Autriche, d'apr. Ph. de Champagne. R. D. 41. Très-belle épr.

1126. Le cardinal Bentivoglio, d'apr. Vandyck. 43. Très-belle épr. encadrée.

1127. Saint Charles Borromée. R. D. 46. Très-belle épr. du deuxième état.

1128. Jean-Pierre Camus, évêque de Bellay, d'apr. Philippe de Champagne. R. D. 49. Épreuve superbe.

1129. Jérôme Franck, peintre. 52. Superbe épreuve du deuxième état.

1130. Jean-François-Paul de Gondi, cardinal de Retz, d'apr. Ph. de Champagne. 54. Très-belle épr.

1131. Henri de Lorraine, comte d'Harcourt, d'apr. Ph. de Champagne. 58. Très-belle épreuve.

1132. Corneille Jansenius. 61. Très-belle épreuve du premier état.

1133. Marguerite Lemon, d'apr. Vandyck. 62. Très-belle épr. du deuxième état.

1134. Louis XI, roi de France. 63. Très-belle épreuve du deuxième état.

1135. Michel de Marillac, garde des sceaux, d'apr. Ph. de Champagne. 66. Très-belle épr.

MORIN (Jean).

× 1136. Le cardinal Mazarin, d'apr. Philippe de Champagne. 68. Superbe épreuve du premier état, avec marges.

1137. Jacques Lemercier, architecte, d'apr. Philippe de Champagne. 69. *Belle pièce.* Épreuve superbe.

1138. François de Sales, évêque et prince de Genève. 73. Superbe épreuve avec marges.

1139. Omer Talon, avocat général au parlement de Paris. 74. Très-belle épr. du deuxième état, avec marges.

1140. Jacques Tubœuf, président de la chambre des comptes, d'apr. Ph. de Champagne. 80. Très-belle épr.

1141. Duverger de Hauranne, abbé de Saint-Cyran, d'apr. Ph. de Champagne. 82. Très-belle épr. du deuxième état.

1142. Antoine Vitré. 88. *Belle pièce.* ~~Magnifique~~ épr. avec marges.

MOYREAU (J.).

1143. Louis XV et Marie Leczinska en regard l'un de l'autre dans un cartouche, d'apr. Vanloo. In-4°. Très-belle épr.

MULLER.

1144. Leramberg, peintre. In-fòl. Superbe épr. avant toute lettre, avec marges. *Rare.*

NAIWINCX (H.).

× × 1145. Un rocher escarpé surmonté d'arbustes. B. 16. Très-belle épr.

NANTEUIL (Robert).

1146. Les quatre évangélistes, d'apr. Eustache Lesueur. R. D. 7. Très-belle épr. du deuxième état. *Rare.*

1147. Claude Auvry, évêque de Coutances. R. D. Très-belle épr. du premier état.

1148. François de Vendosme, duc de Beaufort, d'apr. Nocret. 38. Superbe épr. du premier état.

NANTEUIL (*Robert*).

1149. Pompone de Bellièvre, premier président au parlement de Paris. 37. Très-belle épr. du deuxième état, encadré.

1150. Jean Chapelain. 60. Très-belle épr. du premier état.

1151. Christine, reine de Suède, d'apr. Bourdon. 67. Très-belle épr. du troisième état.

1152. Jean-Baptiste Colbert. 72. Très-belle épr. du deuxième état.

1153. Jean-Louis-Charles d'Orléans-Longueville, comte de Dunois. 86. Très-belle épr.

1154. Pierre Gassendj. 101. Superbe épr. du premier état. *Très-rare.*

1155. Louis Hesselin, maître de la chambre aux deniers. 110. Très-belle épr. du premier état.

1156. Pierre Jeannin, surintendant des finances. 112. Très-belle épr. —Le même personnage, d'apr. la médaille de J. Dupré. 1648.

1157. Don Juan d'Autriche. 114. Très-belle épr. du troisième état. *Rare.* Elle est signée au verso : *J. G. Wille*, 1771.

1158. Hugues de Lionne. 146. Charmant petit portrait. Superbe épr. du premier état.

1159. Jules-Paul de Lionne, abbé de Marmoutier. 137. Très-belle épr. du premier état.

1160. Loret. 150. Très-belle épr. du troisième état.

1161. Louise-Marie de Gonzague, reine de Pologne, d'apr. Juste. 164. Superbe épr. du premier état. *Très-rare.*

1162. Maridat de Serrières. 168. Très-belle épr.

1163. Michel de Marolles. 174. Très-belle épr. du premier état avec marges.

1164. Le cardinal Mazarin; au bas, une vignette représentant Louis XIII malade dans son lit, déclarant la reine régente; à droite de cette vignette, un cartouche où se voit la levée du siège d'Arras ; à gauche, autre cartouche où se voit la bataille de Rethel. 180. Superbe épr. du premier état.

1165. Le cardinal Mazarin, dans une bordure ovale posée sur un champ semé d'étoiles. 183. Superbe épr. du premier état. *Très-rare.*

1166. Gilles Menage. 188. Très-belle épr. du premier état.

1167. Jean-François Sarrasin. 220. Très-belle épr. du deuxième état. *Rare.*

1168. George Scuderi. 221. Très-belle épr. du premier état.

1169. Henri de la Tour d'Auvergne, vicomte de Turenne. 232. Très-belle épr. du troisième état.

1170. Vincent Voiture. 234. Très-belle épr.

NEEFS (*Jacques*).

1171. Buste de Vandyck sur un piédestal. *Gillis Hendricx excudit.* 1646. Très-belle épr.

1172. Antoine de Tassis, d'apr. Vandyck. Très-belle épr. avec les initiales : *G. H.*

N. L. C.

1173. Les sept âges de l'homme. Suite de 8 pièces y compris le titre. *A Paris, chez Jean Leclerc.*

NOLIN (*I. B.*)

1174. 1688. Claude François Ménestrier, de la société de Jésus. In-fol. Très-belle épr.

1175. Molière, réduction en ovale pour les Grands hommes de Perrault.
Photographie du portrait de Molière, par Nolin.

1176. Paysage d'après Latsman, première et très-belle épr. avant que les noms du peintre et du graveur aient été effacés et remplacés par l'adresse de F. de Witt. *Rare.*

OSSENBEECK (*J. van*).

1177. Le bétail qui s'abreuve. B. 15. Petit morceau gravé d'une pointe très-spirituelle. Très-belle épr.

OSSENBEECK (J. *van*).

1178. La Caffarelle, l'une des pièces capitales du maître.
R. D. 25. Belle épr.

OSTADE (*Adrien van*)

1179. Son portrait à la manière noire, par J. Gole. Belle
épr.

1180. Paysan qui rit. B. 4. Très-belle épr.

1181. Le Fumeur, planche ovale. 5. Très-belle épr.

1182. Le Fumeur riant. B. 6. Très-rare et superbe épr. avant
le trait échappé sur le front du personnage au-dessus
du sourcil droit.

1183. La même pièce. 6. Belle épr.

1184. L'homme appuyé sur le bas de sa porte. 9. Très-belle
épr.

1185. Le Fumeur à la fenêtre. 10. Très-belle épr.

1186. La Cruche vide. 15. Très-belle épr.

1187. La Poupée demandée. 16. Très-belle épr. avant les
travaux ajoutés entre les tailles diagonales au bord
gauche supérieur. —

1188. L'École. 17. Belle épr.

1189. Le coup de couteau. 18. Très-belle épr.

1190. Les Harangueurs. 19. Très-belle épr.

1191. La Grange. 23. Très-belle épr.

1192. Homme et femme marchant ensemble. 24. Très-rare
épr. d'eau-forte pure, avant le trait carré.

1193. La Devideuse à la porte de sa maison. 25. Très-belle
épr. *de la collection Robert Dumesnil.*

1194. Les Pêcheurs. 26. Très-belle épr.

1195. La Chanteuse. 30. Très-belle épr.

1196. La Fileuse. 31. Très-rare et superbe épr. avant que le
trait carré ait été renforcé, et avant des travaux sur
le ventre du cochon placé au bas de l'estampe à
gauche.

OSTADE (*Adrien van*).

1197. Le Peintre à son chevalet. 32. Très-belle épr. avant divers travaux, notamment sur le poteau de l'escalier.

1198. La même pièce. Belle épr.

1199. Le Père de famille. 33. Très-belle épr.

1200. Le Bénédicité. 34. Très-belle épr.

1201. L'Émouleur. 36. Rare et très-belle épreuve avant le trait renforcé et avant beaucoup de travaux.

1202. L'Homme conversant avec la femme. 37. Superbe et rare épreuve à l'eau-forte pure. *De la collection Camberlyn.*

1203. Le Charcutier. 41. Très-belle épreuve.

1204. Le Paysan payant son écot. 42. Superbe épreuve avant des tailles diagonales ajoutées sur plusieurs parties du fond, notamment entre l'homme assis près du feu et le manteau de la cheminée.

1205. Le Charlatan. 43. Épreuve superbe tirée avant divers travaux, notamment le travail très-serré à la pointe sèche, produisant l'effet de la manière noire.

1206. Le Joueur de violon bossu. 44. Très-belle épr. avant le travail à la pointe sèche, produisant l'effet de la manière noire.

1207. Le Violon et le petit vielleur. 45. Belle épr.

1208. La Famille. 46. Superbe épreuve avant divers travaux soit à la pointe sèche, soit au burin.

1209. La Fête sous la treille. 47. Très-belle épreuve.

1210. La Danse au cabaret. 49. L'une des pièces capitales du maître. Épreuve superbe.

1211. Le Goûter. 50. Très-belle épr.

OUDRY (*J.-B.*).

1213. Le chien braque en arrêt. R. D. 5. *Chef-d'œuvre du maître.* Très-belle épr. du deuxième état, avant la lettre. *Rare.* Au milieu du bas sur le terrain il y a eu un petit morceau enlevé.

OUDRY (*J. B.*).

1214. La même pièce. Très-belle épr. du troisième état.

OZANNE.

1215. Les numéros 2, 3 et 4 de petites vues de Paris, place
Louis XV. 3 pièces.

PANNEELS (*Guillaume*).

1216. Satyre contemplant une nymphe endormie. Très-
belle épr.

PARVILLÉE (*à Paris chez*).

1217. Le cabaret de Ramponeau, avec son portrait au bas
dans un médaillon rond. — Le triomphe de Ramponeau, avec le portrait de Mme Ramponeau au bas
dans un médaillon rond. 2 pièces. *Rares.* Très-belles
épreuves.

PASQUIER (*J. J.*).

1218. Louis XV, tenant le sceau pour la première fois, le
4 mars 1757. Très-belle épr.

PASSE (*Crispin de*).

1219. Jésus au désert tenté par le démon. Très-belle épr.
1220. Le mauvais riche à table ; la mort du mauvais riche.
2 pièces. Très-belles épr.
1221. Portrait de monseigneur le dauphin âgé de sept
mois, en avril 1602. Petit in-4. Épreuve superbe.
1222. Elisabeth, reine d'Angleterre, 1592. Beau portrait.
In-4°. Épreuve superbe.
1223. Isabelle d'Autriche, femme de l'archiduc Albert. In-4°.
Très-belle épr.
1224. André Doria ; René de Laudonière, 2 portraits. In-8°.
1225. Pierre Ramus. In-8°. Très-belle épr.

PASSE. (*Magdelaine Van*).

1226. Céphale et Procris. Jolie pièce. Magnifique épreuve.
1227. Junon changeant des paysans en grenouilles, d'apr.
Elsheimer. Très-belle épr.

PATERRE (*d'après*).

1228. Le Glouton, gravé par Filleul. Très-belle épreuve.

PENCZ (*George*).

1229. Jésus-Christ en croix, 1547. B. 57. Belle pièce. Épreuve superbe. *De la collection William Esdaile.*

1230. Regulus. 77. Très-belle épr.

1231. Virginius tuant sa fille. 84. Très-belle épr.

1232. Diane et ses nymphes surprises au bain par Actéon. 91. Jolie petite pièce. Épr. superbe.

PERELLE.

1233. Le Pont-Neuf, côté des Augustins; le pont Notre-Dame et le quai Pelletier; le pont Saint-Michel, du côté du Pont-Neuf; la tête de l'isle du Palais derrière Notre-Dame; le pont Marie. 5 pièces. Superbes épr. avant toute lettre. *Rares.*

1234. Le Pont-Neuf du côté du Louvre, sur le grand bras de la Seine; le Pont-Neuf sur le petit bras de la rivière. 2 pièces. Très-belles épr.

1235. Pont au Change; pont Marie. 2 pièces. Très-belles épr.

1236. Tête de l'île du Palais; île Notre-Dame et maison Bretonviller; Notre-Dame de Paris. 3 pièces. Très-belles épr.

1237. Hôtel de ville de Paris; place Royale; place du Pont-Neuf, place Dauphine, palais du Luxembourg, place des Victoires. 6 pièces. Très-belles épr.

1238. Vue et perspective du Pont-Neuf; vue de Paris, prise du pont Royal; autre vue de Paris, prise du pont rouge; autre vue, prise du pont des Tuileries. 5 pièces. Très-belles épr.

1239. La Samaritaine avant et avec la lettre; même sujet par Aveline; fontaine des Innocents, par Perelle, avant la lettre. 5 pièces.

PERELLE.

1240. Porte Saint-Bernard; portes Saint-Honoré, Saint-Denis, Saint-Martin, de la Conférence, Saint-Antoine; arc de triomphe hors du faubourg Saint-Antoine. 7 pièces. Très-belles épr.

1241. Le pont Royal des Tuileries; vue perspective de la ville de Paris. 2 pièces. Très-belles épr.

1242. Palais des Tuileries; diverses vues. 8 pièces. Très-belles épr.

1243. Palais-Royal. 3 pièces. Le Louvre; collége des Quatre-Nations. En tout 5 pièces.

1244. Jardin royal des plantes médicinales. 2 épr. L'Observatoire. 2 pièces.

1245. Val-de-Grâce. 3 pièces. Belles épr.

1246. L'Arsenal, place Royale, le Pont-Neuf, la place Dauphine, le Louvre, les Tuileries, Notre-Dame, etc. 16 pièces.

1247. Châteaux de Madrid, de Vincennes, de Chambord, maison de Sceaux. 4 pièces. Très-belles épr.

1248. Châteaux de Saint Germain-en-Laye, Versailles, Marly, Choisi, Maisons, Vincennes, etc. 17 pièces.

PERRIER (*François*).

1249. Simon Vouet dans un cartouche ornementé. In-fol. Belle épr.

PERSYŃ (R.).

1250. L'Arioste. In-4°. Très-belle épr.

PESNE (*Jean*).

1251. Nicolas Poussin. R. D. 5. Superbe épr. du premier état. *Rare*. Avec marges.

1252. Nicolas Poussin. R. D. 6. Superbe épr. du premier état, avant l'adresse d'Audran.

1253. Le Ravissement de saint Paul, d'apr. Nicolas Poussin. R. D. 12. Belle épr.

PHOTOGRAPHIES.

1254. D'après Marc-Antoine, Durer, Vandyck, Rembrandt, etc. 35 pièces.

1255. D'après Raphaël, Jules Romain, Paul Véronèse, Le Perugin, Michel-Ange, Rubens, Léonard de Vinci, Durer, Watteau, Boucher, etc. 25 pièces, plus un fac-simile, d'apr. Raphaël, par Waquez.

1256. Le Christ en croix, d'apr. le maître, de 1466.

PICART (*B.*).

1257. Le Massacre des Innocents. Très-belle épr. du premier état, avant la couronne sur la tête d'Hérode.

1258. François Duchêne, historiographe de France, d'apr. Lefebvre. In-4°. Très-belle épr.

1259. Fontenelle, titre d'œuvres diverses, dans le haut son portrait.

1260. Mezerai, historien, d'apr. Pailhet. In-8°. Très-belle épr.

1261. Philippe d'Orléans, régent, dans un médaillon entouré de figures allégoriques. In-4°. Très-belle épr.

1262. Ruyter, amiral de Hollande. In-fol. Très-belle épr.

PICART (*Etienne*).

1263. Mathieu de Montreuil. 1665. In-8°. Très-belle épr.

PIERRE.

1264. Frère Luce, sujet d'un conte de Lafontaine, d'apr. Subleyras. Très-belle épr.

PITAU (*N.*).

1265. Nicolas Colbert, évèque de Luçon, d'apr. Claude Le-febvre. In-fol. Très-belle épr.

1266. Alexandre-Paul Petau, d'apr. C. Lefebvre. In-fol. Très-belle épr.

1267. Pasquier Quesnel. In-8°. 2 pièces.

PLONSKI.

1268. Le marchand de paniers, dans un encadrement entouré de divers sujets, à l'eau-forte.

PLOOS VAN AMSTEL.

1269. Vieille femme assise, d'apr. Gérard Dow, à la manière du crayon. Très-belle épr.

1270. Jeune femme vue à mi-corps assise, tenant un livre, d'apr. Goltzius. Très-belle épr.

1271. Portrait d'homme vu de profil, coiffé d'un chapeau, fac-simile d'un dessin, d'apr. Vandyck.

P. M.

1272. Buste de jeune femme dans un petit médaillon ovale, essai de gravure en manière de Klingstet, d'apr. Leprince, en couleur.

PODESTÀ (*André*).

1273. Bacchanale, où l'on voit une femme nue couchée à gauche, d'après le Titien.

1274. Bacchanale, d'apr. le Titien. Très-belle épreuve.

POILLY (*F.*).

1275. La Vierge et l'enfant Jésus, d'apr. Ph. de Champagne. Très-belle épr.

1276. Pierre Lemoine, de la Société de Jésus, d'apr. Ph. de Champagne. In-fol. Très-belle épr.

1277. Monsieur, frère unique de Louis XIV, d'apr. Nocret. In-fol. Épreuve superbe.

POILLY (*Nicolas*).

1278. Louis XIV, dans une bordure ovale avec un médaillon à chaque coin. In-fol. Très-belle épr.

POMPADOUR (*Madame de*).

1279. Titre d'une suite d'estampes; alliance de l'Autriche et de la France; culture des lauriers; jardinier cherchant de l'eau ; genre militaire ; l'Amour, Bacchus enfant. 7 pièces.

PONTIUS (*Paul*).

1280. Saint Roch priant pour les pestiférés, d'apr. Rubens. Épreuve superbe.

1281. Le Roi boit, d'apr. une composition capitale de Jacques Jordaens. Superbe épreuve du premier état.

1282. Antoine Vandyck, d'apr. lui-même. In-4°. Très-belle épr.

1283. Constantin Hugens, d'apr. Vandyck. Très-belle épr. avec les initiales : G. H.

1284. César Alexandre Scaglia, d'apr. Vandyck. Très-belle épr. avec l'adresse de Martin van den Eden.

1285. Marie de Médicis, d'apr. Vandyck. Très-belle épr. avec l'adresse de *Martin van den Eden*.

1286. Albertin Miræus, d'apr. Vandyck. Très-belle épr. avec les initiales : G. H.

1287. Pontius, d'apr. Vandyck. Superbe épreuve avec les initiales : G. H.

1288. Portrait de Raphaël. Très-belle épr.

1289. Nicolas Rockox. In-fol. Très-belle épr.

1290. Pierre-Paul Rubens, d'apr. Vandyck. Superbe épreuve du premier état, avant le nom du graveur.

1291. Le même. Très-belle épr. avant que les initiales *G. H.* aient été effacées.

1292. Le même. Belle épr.

1293. Daniel Seghers, d'apr. Livens. Très-belle épr. avec l'adresse de Martin van den Eden.

1294. Henri Steenwick, d'apr. Vandyck. Superbe épr. du premier état, avant le nom du graveur.

1295. Simon de Vos, d'apr. Vandyck. Très-belle épr. avec les initiales G. H.

1296. Jean Wildens, d'apr. Vandyck. Superbe épr. du premier état, avant le nom du graveur.

PONTIUS (*et Hollar*).

✗ 1297. Diane assise dans un paysage, d'apr. Van Avont. Belle
épr.

POTTER (*Paul*).

✗ 1298. Le Vacher. B. 14. Très-belle épr. du deuxième état.

✗ 1299. La même pièce. Belle épr. avec *F. de Wit ex*. à la gauche
du haut.

POUSSIN (*d'après*).

1300. Hermaphrodite, gravé par B. Picart; l'Amour essuyant
une baigneuse, par Hequet; Nymphes sorties du bain;
Leda, etc., 46 pièces.

PREVOST (*B.-L.*).

1301. Guillotin, d'apr. Moreau jeune. In-4o, Très-belle épr.

RAIMONDI (*Marc-Antoine*).

1302. Ananie frappé de mort, d'apr. Raphaël. B. 42. Pièce
gravée par Augustin Vénitien. Belle épr.

1303. La Sibylle de Cumes. 128. Gravé par Augustin Vénitien d'apr. Raphaël. Superbe épr. du premier état,
avant l'adresse : Ant. Sal. exc.

1304. Iphigénie reconnaissant Oreste et Pylade qu'on lui
amène pour être sacrifiés. 194. Gravé par Augustin
Vénitien. Très-belle épr.

1305. Silène soutenu par deux satyres, et monté sur un âne.
222. Belle épr.

1306. Satyre portant une Nymphe. 300. Pièce gravée d'apr.
Jules Romain par un anonyme qui paraît être Marc
de Ravenne. Très-belle épr.

1307. Le faune et le tigre. 307. Très-belle épr.

1308. Vénus blessée par l'épine d'un rosier. 321. Gravé d'apr.
Raphaël par Marc de Ravenne. Très-belle épr. avec
l'adresse : *Ant. Sal. exc.*

1309. Triomphe de Galatée. 350. Belle épr.

RAYMONDI (*Marc-Antoine*).

1310. Le *Quos ego*. 351. Le morceau du milieu seulement, représentant Neptune, dans une grande conque, traînée par quatre chevaux marins. Belle épr.

1311. La paix. 393. Belle épr.

1312. Les fiançailles de la Vierge d'apr. Durer. 626. Belle épr.

REGNAULT (*N. : .*).

1313. Le Lever; Le Bain, cette dernière pièce d'apr. Baudouin. 2 jolies pièces en couleur, formant pendant. Très-belles épr.

REGNESSON (*Nicolas*).

1314. La duchesse de Longueville, d'apr. Chauveau, charmant portrait. Petit in-4°. *Rare*. Épr. superbe. On lit dans un cartouche placé au-dessous du portrait, les cinq vers suivants :

> *Moins d'éclat avait dans les yeux,*
> *Celle pour qui les Grecs firent dix ans de guerre;*
> *Et vous n'avez, hommes et dieux,*
> *Ni rien de plus beau dans les cieux,*
> *Ni rien de si beau sur la terre.*

REMBRANDT VAN RHYN (*Paul*).

1315. Son portrait aux cheveux crépus (B. 1.) Claussin, 1; Ch. Blanc, 204. Très-belle épr., de la collection Bohm.

1316. Rembrandt aux trois moustaches (B. 2.) Cl. 2. C. B. 206. Charmant petit portrait parfaitement gravé. *Rare*. Très-belle épr.

1317. Son portrait avec l'écharpe autour du cou (B. 17.) Cl. 17. C. B. 229. Très-belle épr. du troisième état avant différents travaux, notamment dans la chevelure. *De la collection Bohm.*

1318. Rembrandt tenant un sabre (B. 18) Cl. 18. C. B. 231. *Très-rare à rencontrer de cette beauté.*

1319. Rembrandt et sa femme (B. 19.) Cl. 9 C. B. 203. Très-belle épr. avec marges. *De la collection Donnadieu.*

REMBRANDT VAN RHYN (*Paul*).

1320. Portrait de Rembrandt au bonnet orné d'une plume (B. 20). Cl. 20. C. B. 233. Très-belle épr. du premier état, avant la retouche.

1321. Rembrandt appuyé, le plus beau portrait du maître (B. 21.) Cl. 21. C. B. 234. Superbe épr. un peu rognée dans le haut et sur les côtés, mais sans que le portrait ait été atteint.

1322. Rembrandt dessinant (B. 22.) Cl. 22. C. B. 235. Belle épr.

1323. Portrait de Rembrandt de forme ovale (B. 22.) Cl. 23. C. B. 232. Très-belle épr. du troisième état, avec marges.

1324. Rembrandt au bonnet fourré et habit blanc (B. 24.). Cl. 24. C. B. 226. Très-belle épr.

1325. Rembrandt aux cheveux courts et frisés (B. 26.) Cl. 26. C. B. 216. Belle épr.

1326. Rembrandt vu de face et riant (B. 316.) Cl. 29. C. B. 218. Très-belle épr. *Rare.*

1327. Tête de Rembrandt aux yeux hagards (B. 320.) Cl. 33. C. B. 217. Très-belle épr.

1328. Adam et Eve (B. 28.) Cl. 34. C. B. 1. Première et très-belle épr. avec un reflet de lumière au haut de la cuisse droite d'Eve.

1329. Le sacrifice d'Abraham (B. 35.) Cl. 36. C. B. 6. Très-belle épr.

1330. Abraham caressant Isaac (B. 33.) Cl. 38. C. B. 3. Belle épr.

1331. Joseph racontant ses songes (B. 37.) Cl. 41. C. B. 9. Morceau légèrement gravé et très-fini. Très-belle épr. du premier état, où le frère de Joseph qui est debout derrière lui, coiffé d'un turban, a le visage clair ainsi que le turban. Le rideau du lit vers la droite y est également clair. *Rare.*

REMBRANDT VAN RHYN (*Paul*).

1332. La même pièce. Très-belle épr. du deuxième état avant les tailles croisées sur la table à droite.

1333. Jacob pleurant la mort de son fils Joseph. (B. 38.) Cl. 42. C. B. 10. Très-belle épr.

1334. Joseph et la femme de Putiphar (B. 39.) Cl. 43. C. B. 11. Très-belle épr.

1335. Le triomphe de Mardochée (B. 40.) Cl. 44. C. B. 12. Morceau très-fini gravé avec goût et légèreté. Superbe épr. avec barbes.

1336. Tobie le père, aveugle (B. 42.) Cl. 46. C. B. 15. Très-belle épr.

1337. L'ange disparaissant aux yeux de la famille de Tobie (B. 43.) Cl. 47. C. B. 16. Très-belle épr. avant les travaux au bas à gauche sur le terrain qui est resté en blanc. *De la collection R. Dumesnil.*

1338. L'annonciation aux bergers (B. 44.) Cl. 48. C. B. 17. Épr. superbe.

1339. L'adoration des bergers (B. 46.) Cl. 50. C. B. 18. Effet de nuit. Belle épr.

1340. La Circoncision (B. 47.) Cl. 51. C. B. 20. Très-belle épr. du premier état avant des travaux sur une partie blanche qui se trouve en haut vers la droite.

1341. Présentation au temple (B. 49.) Cl. 53. C. B. 22. Superbe épr. du deuxième état.

1342. Présentation au temple (B. 51.) Cl. 55. C. B. 24. Morceau très-légèrement gravé. Épr. superbe.

1343. La même estampe. Belle épr.

1344. Fuite en Egypte (B. 55.) Cl. 59. C. B. 28. Belle épr.

1345. Repos en Egypte (B. 58.) Cl. 62. C. B. 31. Morceau gravé seulement au trait. Très-belle épr. avec marges. *Rare.*

1346. Retour d'Egypte (B. 60.) Cl. 64. C. B. 38. *Rare.* Très-belle épr. avec barbes.

REMBRANDT VAN RHYN (*Paul*).

1347. La Vierge et l'enfant Jésus sur des nuages (B. 61.) Cl.
65. C. B. 32. Très-belle épr.

1348. Sainte Famille (B. 62.) Cl. 66. C. B. 33. Très-belle épr.
du deuxième état.

1349. Jésus au milieu des docteurs (B. 64.) Cl. 68. C. B. 35.
Très-belle épr. *De la collection Arozarena.*

1350. Jésus disputant avec les docteurs de la loi (B. 65.) Cl.
69. C. B. 36. Très-belle épr.

1351. Jésus prêchant, ou la petite tombe (B. 67.) Cl. 71. C.
B. 39. Superbe épr. où l'homme coiffé d'un turban debout sur le devant à gauche a le bras droit fort poussé
au noir et où l'effet des barbes est très-brillant.

1352. Le denier de César (B. 68.) Cl. 72. C. B. 42. Très-belle
épr.

1353. Jésus chassant les vendeurs du temple (B. 69.) Cl. 73.
C. B. 44. Superbe épr. du premier état.

1354. La Samaritaine (B. 71.) Cl. 75. C. B. 46. Jolie petite
pièce. Très-belle épr. avant que la ligne transversale
dans le haut au-dessus du nom de Rembrandt ait été
effacée.

1355. Petite résurrection de Lazare (B. 72.) Cl. 76. C. B.
47. Belle épr.

1356. Jésus guérissant les malades, Estampe dite la pièce aux
cent florins (B. 74.) Cl. 78. C. B. 49. Belle épr. du troisième état, avant la retouche du capitaine Baillie. *De
la collection du prince de Paar.*

1357. La même pièce faible, épr. avant la retouche du capitaine Baillie.

1358. Le Christ en croix entre les deux larrons (B. 79.) Cl.
84. C. B. 54. Pièce de forme ovale. Très-belle épr.

1359. Jésus en croix (B. 80.) Cl. 85. C. B. 55. Jolie petite
pièce. Très-belle épr. *Des collections Debois et Dreux.*

1360. Descente de croix (B. 82.) Cl. 86. C. B. 57. Morceau

gravé presque au trait. Très-belle épr. *De la collection Donnadieu.*

1361. Descente de croix au flambeau (B. 83.) Cl. 87. C. B. 58. Première et superbe épr. avec barbes.

1362. Le transport de Jésus-Christ au tombeau (B. 74.) Cl. 88. C. B. 60. Morceau gravé légèrement et avec beaucoup d'esprit. Première et superbe épr. avec des barbes sur différentes parties de la planche. *Très-rare.*

1363. Jésus mis au tombeau (B. 86.) Cl. 90. C. B. 61. Très-belle épr. du premier état.

1364. Les disciples d'Emmaüs (B. 87.) Cl. 91. C. B. 63. Très-belle épr.

1365. Les petits disciples d'Emmaüs (B. 88.) Cl. 92. C. B. 62. Très-belle épr.

1366. Le retour de l'enfant prodigue (B. 91.) Cl. 95. C. B. 43. Très-belle épr.

1367. Pierre et Jean à la porte du temple (B. 94.) Cl. 96. C. B. 66. Belle épr. du deuxième état.

1368. Martyre de saint Etienne (B. 97.) Cl. 100. C. B. 68. Très-belle épr.

1369. Le baptême de l'eunuque (B. 98.) Cl. 101. C. B. 69. Belle épr.

1370. La mort de la Vierge (B. 99.) Cl. 182. C. B. 70. Très-belle épr.

1371. Saint Jérôme assis sur une hauteur au bas d'un arbre (B. 100.) Cl. 103. C. B. 71. Très belle épr.

1372. Saint Jérôme gravé dans le goût de la manière noire (B. 100.) Cl. 108. C. B. 76. Très-belle épr. du deuxième état.

1373. La Jeunesse surprise par la Mort (C. B. 109.) Cl. 111. C. B. 79. Un jeune homme placé à gauche et vu de profil, conduit par la main une jeune femme vue par le dos et qui tient une fleur à la main. Au bas de la droite on voit la Mort sortant d'une espèce de souterrain. Épr.

superbe, avec marges. *Extrêmement rare dans une condition aussi parfaite.*

1374. La Médée, ou le mariage de Jason et de Créuse (B. 112)
Cl. 114. C. B. 82. Très-belle épr. du deuxième état
avant le nom du maître, et avant les vers. *Rare.*

1375. L'étoile des Rois (B. 113.) Cl. 115. C. B. 86. Effet de
nuit. Superbe épr. Très-veloutée.

1376. Les musiciens ambulants (B. 117.) Cl. 121. C. B. 90.
Très-belle épr. du premier état avant les travaux sur la
poitrine de l'enfant.

1377. Le marchand de mort aux rats (B. 121.) Cl. 23. C. B.
95. Épr. superbe.

1378. Le petit orfévre (B. 123.) Cl. 25. C. B. 94. Très-belle
épr.

1379. La faiseuse de koucks (B. 124.) Cl. 126. C. B. 93. Très-
belle épr.

1380. Le charlatan, petit morceau gravé avec infiniment
d'esprit (B. 129.) Cl. 130. C. B. 130. Très-belle épr.

1381. Le dessinateur (B. 130.) Cl. 131. C. B. 100. Très-belle
épr. avant que le fond ait été terminé.

1382. Le joueur de cartes (B. 136.) Cl. 136. C. B. 104, belle
épr.

1383. Homme à cheval (B. 139.) Cl. 138. C. B. 106. Belle
épr.

1384. Gueux et gueuse (B. 164.) Cl. 161. C. B. 128. Très-
belle épr.

1385. Paysan déguenillé, les mains derrière le dos (B. 172.)
Cl. 169. C. B. 137. Belle épr.

1386. Gueux assis sur une motte de terre (B. 174.) Cl. 171.
C. B. 136. Très-belle épr.

1387. Mendiants à la porte d'une maison (B. 176.) Cl. 173.
C. B. 146. Morceau des plus intéressants et des mieux
exécutés. Très-belle épr.

1388. Deux gueux en pendant (B. 177.) Cl. 174. C. B. 110.
Très-belle épr.

REMBRANDT VAN RHYN (*Paul*).

1389. Un paysan debout, les bras derrière le dos, un panier à ses pieds (B. 180). Cl. 177. C. B. 143. *Rare*. Très-belle épr.

1390. L'espiègle (B. 188). Cl. 185. C. B. 153. Très-belle épr. du 4e état.

1391. L'homme qui pisse (B. 190). Cl. 187. C. B. 155. *Rare*. Belle épr.

1392. Le dessinateur d'après le modèle (B. 192). Cl. 189. C. B. 157. Très-belle épr. du 2e état.

1393. Figure académique d'un homme nu assis et vu de face (B. 193). Cl. 190. C. B. 158. Très-belle épr.

1394. Jupiter et Antiope (B. 203). Cl. 200. B. C. 167. Très-belle épr. du 1er état.

1395. Femme nue dormant (B. 284). Cl. 201. C. B. 168. Superbe épr. du 3e état. *De la collection Donnadieu*.

1396. Le moulin de Rembrandt (B. 233). Cl. 230. C. B. 333. Très-belle épr.

1397. Le paysage au bateau (B. 236). Cl. 232. C. B. 336. Très-belle épr.

1398. Homme sous une treille (B. 257). Cl. 254. C. B. 262. Très-belle épr.

1399. Homme avec chaîne et croix (B. 261). Cl. 258. C. B. 257. Très-belle épr. du 2e état, avant le prolongement des travaux, jusqu'au bord supérieur de la planche.

1400. Homme à barbe courte et bonnet fourré, d'une physionomie agréable (B. 263). Cl. 260. C. B. 267. Très-belle épr. *De la collection Robert Dumesnil*.

1401. Jean Antonides Van der Linden (B. 284). Cl. 261. C. B. 186. Très-belle épr. du 2e état.

1402. Vieillard à barbe carrée, coiffé d'un bonnet de fourrure dont le haut est séparé en deux par le milieu (B. 265). Cl. 252. C. B. 271. 2 épreuves avec différences.

REMBRANDT VAN HNYR (*Paul*).

1403. Faustus (B. 270). Cl. 257. C. B. 81. Très-belle épr.
La même pièce, épreuve plus faible.

1404. Renier Ansloo, l'un des portraits les plus finis du
maître (B. 271). Cl. 268. C. B. 170. Très-belle épr.

1405. Abraham Francë, grand amateur d'estampes
(B. 272). Cl. 370. C. B. 476. Superbe épreuve du
4e état avant les hachures sur la partie supérieure des
arbres qui se voient à travers la fenêtre. *Rare.*

1406. Jean Lutma (B. 276), Cl. 273. C. B. 182. Très-belle
épr. bien veloutée, avant les tailles croisées au coin
du haut à droite et avant des travaux sur les mains.
Elle porte au verso la signature *de P. Mariette.* 1652.

1407. Jean Asselin, surnommé Crabetje (B. 277). Cl. 274. C.
B. 171. Superbe épr. du 2e état.

X 1408. Clément de Jonghe (B. 272). Cl. 259. C. B. 180. Magnifique épreuve du 3e état.
*Cette troisième épreuve tirée de la planche non ébarbée
est à mon avis la plus brillante de toutes, et celle que
je préfère.* » (Claussin.)

1409. Utenbogardus, ministre hollandais (B. 279). Cl. 276.
C. B. 100. Très-belle épr. du 3e état.

1410. Utenbogaerd, connu sous le nom du peseur d'or.
(B. 281). Cl. 278. C. B. 190. Belle épr.

1411. Première tête orientale (B. 287). Cl. 284. C. B. 288.
Très-belle épr.

1412. Seconde tête orientale (B. 287). Cl. 284. C. B. 288.
Très-belle épr.

1413. Jeune homme à barbe courte et frisée, coiffé du bonnet
à la Mezzetin (B. 289). Cl. 286. C. B. 277. Épr. superbe.

1414. Buste d'homme chauve (B. 292). Cl. 289. C. B. 275.
Très-belle épr. du 3e état.

1415. Vieillard à barbe courte, et à la bouche ouverte (B. 300).
Cl. 296. C. B. 291. Belle épr.

REMBRANDT VAN RHYN (*Paul*).

1446. Homme à bouche de travers (B. 305). C. B. 157. Cl
301. Très-belle épr.

1417. Vieillard chauve à barbe courte (B. 306). Cl. 302.
C. B. 294. Belle épr.

1418. Vieillard à grande barbe blanche (B. 309). Cl. 305.
C. B. 283. Très-belle épr.

1419. Homme avec chapeau à grands bords (B. 314). Cl. 307.
C. B. 260. Épr. superbe.

1420. Homme à moustaches et grand bonnet (B. 324). Cl. 315.
C. B. 266. Très-belle épr.

1421. Tête grotesque (B. 326). Cl. 319. C. B. 304. Très-
belle épr.

1422. La grande mariée juive (B. 340). Cl. 330. C. B. 199.
Morceau parfaitement gravé. Très-belle épr.

1423. Vieille femme assise (B. 343). Cl. 333. C. B. 1963. Beau
portrait. Superbe épr. du 1er état, avant que la planche
ait été coupée en forme ovale. *De la collection W. Esdaile.*

1424. Autre vieille femme assise (B. 245). Cl. 334. C. B. 197.
Belle épr.

1425. La Liseuse (B. 345). Cl. 335. C. B. 242. Morceau très-
bien gravé, d'une belle exécution et d'un grand effet.
Superbe épr. avant que le nez ait été grossi et allongé.

1426. Portrait de jeune femme vue à mi-corps ; elle est
coiffée en cheveux ornés de plusieurs rangs de perles
(B. 367). Cl. 537. C. B. 201. Rare. Très-belle épr.

1427. Vieille femme qui dort (B. 350). Cl. 340. C. B. 244.
Morceau gravé avec beaucoup de goût et de finesse.
Très-belle épr.

1428. Buste de vieille femme d'un beau caractère (B. 354).
Cl. 343. C. B. 193. Petit chef-d'œuvre du maître.
Très-rare à trouver de cette beauté.

1429. Mauresse blanche (B. 257). Cl. 317. C. B. 241. Très-belle épr. du 2e état. *De la collection du prince de Paar.*

X 1430. Buste de femme âgée (B. 258). Cl. 348. C. B. 243.
Très-belle épr.

1431. Femme avec une grande cornette (B. 359). Cl. 359.
C. B. 202. Morceau légèrement gravé. Très-belle
épr. avec petite marge. *De la collection Dreux.*

1432. Feuille avec six têtes au milieu desquelles est le portrait de la femme de Rembrandt (B. 365). Cl. 355.
C. B. 249. Très-belle épr.

X 1433. Trois têtes de femmes (B. 267). Cl. 357. C. B. 250. *Rare.*
Très-belle épr. signée au verso *P. Mariette.* 1678.

1434. Trois têtes de femmes dont une qui dort (B. 368).
Cl. 258. C. B. 251. Très-belle épr.

1435. Griffonnements gravés en différents sens de la planche (B. 369). Cl. 369. *Rare.* Épreuve superbe.

REMBRANDT (*École de*).

+ X 1436. La coupeuse d'ongles. *Claussin, supplément, page* 105,
n° 3. Jolie pièce, épreuve superbe.

X 1437. Vieillard à grande barbe, assis. *Claussin, supplément,
page* 121, *n° 44.* Épreuve superbe, avant que le fond
ait été nettoyé.

1438. Son portrait à la manière noire, in-fol. Très-belle épr.
avant toute lettre.

1439. Les morts ensevelis. *Basan excudit.* Très-belle épr.

RENI (*Guido*).

1440. La Vierge, l'enfant Jésus et saint Jean B. 6 *pièces.*
Rare. Très-belle épr.

1441. Sainte Famille. B. 10. Très-belle épr.

1442. L'Enfant Jésus et saint Jean-Baptiste. 13. Ce morceau est un des plus beaux du maître. Épr. superbe.

1443. La Vierge donnant le sein à l'Enfant Jésus, d'apr.
Annibal Carrache. 51. Belle épr.

REYNOLDS (*S. W.*).

1444. Mistress Abington, 1re et 2e épr. 2 pièces.

1444. Mistress Abington, 1re et 2e épr. 2 pièces.

1445. Le chapeau de paille, d'apr. Rubens, 1re et 2e épr. ;
Vieille femme lisant près d'une jeune fille, d'apr. Bonington ; La Nativité, d'apr. Joshua Reynolds.
5 pièces.

RIBERA (*Joseph*).

× 1446. Martyre de saint Barthélemy. 6. La plus belle pièce de
l'œuvre du maître. Belle épr.

1447. Saint Jérôme. B. 4. Saint Pierre. 7. 2 pièces.

× 1448. Le Satyre fustigé par l'Amour. B. 12. Très-belle épr.

RICHOMME.

1449. Adam et Eve, d'apr. Raphaël. Très-belle épr. Lettre
grise. Encadrée.

1450. Henri IV jouant avec ses enfants au moment de la
visite d'un ambassadeur, d'apr. Ingres. Très-belle
épr. avant la lettre. Encadrée.

1451. Daphnis et Chloé, d'apr. Gérard. Très-belle épr. Encadrée.

RIGAUD (*J.*).

1452. Joute sur la Seine à l'occasion du mariage de madame
Louise-Elisabeth de France avec don Philippe, enfant
d'Espagne. Très-belle épr.

1453. Vue de la Bastille ; château de Versailles. 2 pièces.

ROCHEFORT (*P. de*).

1454. Louis de Bourdaloue, de la Compagnie de Jésus, d'apr.
Elisabeth Cheron, in-4°. *Rare.* Très-belle épr.

ROGMAN (*Roland*).

1455. La colonne. B. 25. Très-belle épr.

ROOS *(Jean-Henri)*.

1456. Les moutons près de la colonne. B. 25. Première et très-belle épr. avant l'inscription sur le socle de la colonne.

ROSA *(Salvator)*.

1457. Albert, compagnon de saint Guillaume, se suspendant par les bras à un arbre, par pénitence. B. 2. Très-belle épr.

ROSASPINA.

1458. La Vierge avec l'Enfant Jésus, sainte Marguerite, etc. d'apr. le Parmesan ; la Vierge et saint Michel Archange, Catarina et Apollonia, d'apr. le Pérugin. 2 pièces. Très-belles épr.

ROTA *(Martin)*.

1459. Le Jugement universel, d'apr. Michel-Ange. B. 28. Très-belle épr. du deuxième état.

1460. Jugement dernier. 30. Belle épr.

1461. Sujet allégorique où l'on voit le Temps faisant tourner une roue ; au bas à gauche, la Mort.

ROULLET *(J.-L.)*.

1462. Portrait d'une religieuse, d'apr. Ferdinand. In-8°. Superbe épr. avant la lettre.

1463. Le R. P. Pierre de Saint-André, de l'ordre des Carmélites. In-4°. Très-belle épr.

RUBENS *(Pierre-Paul)*.

1464. Sainte Catherine. Belle pièce du maître. Très-belle épr.

1465. Buste d'homme dans un médaillon rond, pièce signée : *P. P. Rubens f.* Très-belle épr.

RUBENS *(d'après)*.

1466. Le fils de Rubens. Très-belle épr. avant toute lettre.

RUOTTE.

1467. Gonthier (Rôle de Perrette, de *Fanfan et Colas*), d'apr. Lemoine. Très-belle épr.

RUYSDAEL (*Jacques*).

1468. Le petit pont. B. 1. Belle épr.

SADELER (*Gilles*).

1469. La Vierge assise dans un paysage, tenant l'Enfant sur ses genoux, d'apr. Albert Durer. Très-belle épr.

1470. Marquart Freher, beau portrait. In-4°. Très-belle épr. tirée sur satin.

1471. Le Tasse. In-4°. Très-belle épr.

SADELER (*Jean*).

1472. La Vierge assise, travaillant à l'aiguille; on voit en haut à gauche le Père Eternel entouré d'anges parmi lesquels on voit deux enfants qui jouent.

SAENREDAM (*J.*).

1473. Adam et Eve, d'apr. Goltzius. B. 40. Épr. superbe.

1474. Les filles d'Israël, chantant les louanges de David, d'apr. Lucas de Leyde. Belle épr. du deuxième état.

1475. Les sept planètes, et les occupations des hommes, suite de 7 pièces, d'apr. Goltzius. Très-belles épr.

1476. Les quatre parties du jour, d'apr. Goltzius, suite de 4 pièces. Très-belles épr.

SAINT-AUBIN (*Augustin de*).

1477. Le bal paré ; le concert; 2 charmantes pièces et des plus intéressantes du XVIIIe siècle, gravées par Duclos. Épr. superbes.

1478. La promenade des remparts de Paris; tableau des portraits à la mode ; 2 charmantes pièces gravées par Courtois. Très-belles épr.

1479. 1788. Billet pour la comédie italienne, charmante pièce. *Rare.* Épr. superbe.

1480. Intérieur de galerie de tableaux; Intérieur d'un cabinet d'histoire naturelle. 2 jolies petites pièces. Très-belles épr.

1481. Visite dans une galerie de tableaux. Très-belle épr.

1482. Inauguration de la statue de Louis XV, d'apr. Gravelot. Très-belle épr.

1483. Vénus Anadyomène, d'apr. le Titien. Très-belle épr. avant la lettre.

1484. Charles-Nicolas Cochin, d'apr. lui-même. Superbe épr. avant toute lettre.

1485. Condorcet, Beaumarchais, Diderot, Piron. 2 portraits différents. 5 pièces.

1486. Marie-Elisabeth Denis, femme de M. Radix, d'apr. Cochin. In-4°. Très-belle épr.

1487. Gessner, Montesquieu. In-8°. 2 pièces.

1488. Charles-Henri de Henieken, amateur des beaux arts. In-4°. Très-belle épr.

1489. Louis XVI, Marie-Antoinette et le dauphin, d'apr. Sauvage ; Marie-Antoinette, d'apr. Moreau jeune. 2 jolies petites pièces. Très-belles épr.

1490. Molé, de la Comédie française, d'apr. Aubry. In-fol. Épr. superbe avec marges.

1491. Michel de Montaigne ; le même, par Chereau jeune. 2 pièces.

1492. Moreau jeune, d'apr. Cochin, charmant petit portrait. Très-belle épr.

1493. Joseph Pellerin amateur de médailles, dans un médaillon rond entouré de médailles. In-fol. Très-belle épr.

1494. Philidor ; Gluck. 2 pièces. Très-belle épr. avec grandes marges.

SAINT-NON.

1495. Le concert, d'apr. Gravelot, jolie pièce, première épr. avant les tailles horizontales sur la glace dont l'emplacement est blanc, avant les contre-tailles sur le rideau à gauche. *Rare*. Épr. superbe.

SAINT-NON.

1496. — La même pièce. Très-belle épr. avec les tailles sur l'emplacement de la glace, et les contre-tailles sur le rideau. — Autre épreuve du même état, faible.

1497. Jeune femme malade, d'ap. Chardin. Très-belle épr.

SANDRART (*Susanne-Marie*).

1498. Caroline Patin, dans un entourage de fleurs. In-4°. Très-belle épr.

SAVART (*Pierre*).

1499. Bayle. In-8°. Superbe épr. avant toute lettre.

1500. Bossuet, d'apr. Rigaud. In-8°. Belle épr.

1501. Le grand Condé, d'apr. Le Juste. In-8°. Belle épr.

1502. Fénelon, d'apr. Vivien. In-8°. Superbe épr. avant toute adresse.

1503. Bernard de Fontenelle, d'apr. le buste de Lemoine. In-8°. Très-belle épr.

1504. Louis XIV, d'apr. Rigaud. In-8°. Très-belle épr. avec l'adresse : *Barrière Fontarabie*.

1505. Jean Racine, d'apr. Santerre. Très-belle épr. avec l'adresse : *Barrière Fontarabie*.

SAVRY (S.).

1506. Regnier Wybrand Wybma. In-fol. Très-belle épr. signée au verso : *P. Mariette*, 1689.

SCHALCKEN (G.).

1507. Gérard Dow, à l'eau-forte. In-4°. Très-belle épr.

SCHMIDT (G. F.).

1508. Le prince Eugène de Savoie. In-8°. Très-belle épr.

1509. Guyot Desfontaines, d'apr. Toqué. In-4°. Très-belle épr.

1510. La Mettrie, charmant petit portrait. In-4°. Très-belle épr.

1511. Jean Law, contrôleur général des finances, d'apr. Ri-

gaud. In-8°. Très-belle épr. avant que l'adresse d'O-
dieuvre ait été effacée. *(...)* —

1512. Ninon de Lenclos, d'apr. Ferdinand. In-8°. Belle épr.

1513. Antoine-François Prevost, aumônier du prince de Conti. In-4°. Épr. superbe.

1514. Maurice Quentin de la Tour, peintre, d'ap. lui-même. Il est représenté à une fenêtre. Beau portrait. In-fol. Épr. superbe, avec marges.

1515. Le même personnage dans un médaillon ovale placé sur un chevalet, beau portrait. In-fol. Épr. superbe avec marges.

1516. J.-B. Rousseau, d'apr. Aved. Petit in-fol. Très-belle épr.

1517. Sanadon, de la Compagnie de Jésus. In-8°. Belle épr.

1518. Mme de Sévigné, d'apr. Ferdinand, charmant portrait in-8°. Superbe épr. avant toute lettre. *Très-rare.*
— La même pièce. Très-belle épr. avant que l'adresse d'Odieuvre ait été effacée.

1519. Le théâtre Italien, d'apr. Lancret. Épr. superbe.

1520. La Vierge, les mains jointes, d'apr. Sasso Ferrato. Très-belle épr.

1521. Portrait de Schmidt. Il tient un porte-crayon. Très-belle épr.

1522. Portrait de Rembrandt âgé, d'apr. lui-même. C. 2. Très-belle épr.

1523. La mère de Rembrandt, les mains jointes. C. 3. Très-belle épr.

1524. Portrait de la mère de Rembrandt, assise. C. 4. D'apr. Rembrandt. L'une des plus belles pièces du graveur. Très-belle épr. *Rare.*

1525. La résurrection de la fille de Jaïre, d'apr. Rembrandt. 8. Très-belle épr.

1526. Loth et ses filles, d'apr. Rembrandt. C. 9. Très-belle épr.

1527. Vieillard habillé à l'orientale. 18. Très-belle épr.

SCHMIDT (G. F.)

1528. Portrait d'un jeune seigneur. 19. D'apr. Rembrandt. Épr. superbe.

1529. La jeune fiancée, d'apr. Rembrandt. 23. Très-belle épr.

1530. La dame à l'éventail, d'apr. Rembrandt. 28. Très-belle épr.

1531. Portrait de Schmidt, dit à l'araignée. 32. Très-belle épr.

1532. Cinq têtes d'enfants. 59. Très-belle épr.

1533. Les deux amis, d'après Ostade. Très-belle épr.

1534. — La même pièce. Très-belle épr.

SCHMUZER (*Jacques*).

1535. Dietricy peintre, d'après lui-même. In-fol. Belle épr.

1536. Weirotter. In-fol. Très-belle épr.

1537. La femme de Rubens et ses enfants, d'après Rubens. Très-belle épr. avant toute lettre.

SCHONGAUER (*Martin*).

1538. Le Christ en croix. B. 17. Très-belle épr. Il existe une restauration au bas à droite.

1539. Saint Christophe, portant sur ses épaules l'Enfant Jésus. 48. Très-belle épreuve.

1540. Saint Michel perçant d'une lance le démon qu'il vient de terrasser. 58. Très-belle épr.

SCHUPPEN (*Pierre Van*).

1541. La mère Marie-Angélique Arnauld, abbesse de Port-Royal, d'après Philippe de Champagne. In-folio. Très-belle épr. avec marges.

1542. L'abbé Martin de Barcos, d'après Philippe de Champagne. In-4°. Très-belle épr.

1543. Catherine Germain, veuve de Simon Berthelot. In-fol. Très-belle épr.

1544. Portrait de Jean Hamon, docteur en médecine de la

Faculté de Paris, charmant portrait in-8°. Superbe
épr. avant toute lettre.

1545. François de la Haye, médecin, charmant portrait
in-8°. Superbe épr. avant toute lettre. *Rare.*

1546. Eustache Lesueur, d'après lui-même. In-fol. Très-
belle épr.

1547. François-Michel Letellier, marquis de Louvois, d'a-
près C. Lefebvre. In-fol. Magnifique épreuve avant
la lettre. *Très-rare en cet état.* Fr. 10.

1548. Louis XIV, d'après N. Mignard. In-fol. Épr. superbe.

1549. Louis XIV roi de France, d'après Vaillant. In-fol.
Très-belle épr.

1550. Louis XIV, charmant petit portrait, d'après C. Lefebvre. Très-belle épr. avec marges.

1551. Pierre de Marca, archevêque de Paris, d'après Vanloo. In-fol. Très-belle épr.

1552. Pierre et François Pithou. 2 portraits in-fol. Très-
belles épr.

1553. Lady Warner, religieuse, d'après Largillière. In-8°.
Très-belle épr.

SCHUT (*Corneille*).

1554. La salutation de l'ange à la Vierge. Très-belle épr.

1555. Triomphe de la paix. Belle épr.

SCIAMINOSSI (*Raphaël*).

1556. La Vierge debout sur un globe, entourée d'une gloire
d'anges. B. 36. Supérbe épr. signée au verso : *P. Mariette.* 1663.

1557. Lapidation de saint Étienne, d'après Lucas Cangiage.
57. Très-belle épr.

SERGENT.

1558. Necker. In-4° en couleur. Épr. superbe.

1559. Le comte de Provence. In-4°, en couleur. Très-belle
épr. avant toute lettre. *Rare.*

SEROUX D'AGINCOURT.

1560. Madame Lebrun et sa fille, d'après elle-même. In-4°. Très-belle épr.

SICHEM (*Corneille Von*).

1561. Portrait d'homme coiffé d'une toque avec plumes, sur bois. Très-belle épr.

SILVESTRE (*Israël*).

1562. Titre de vues et perpectives nouvelles tirées sur les plus beaux lieux de Paris et des environs : cours de la reine mère ; église et cour du Temple ; tour de Nesle et hôtel de Nevers ; église Saint-Martin-des-Champs ; église Notre-Dame de Boullogne ; village et pont de Charenton ; pont et temple de Charenton. Suite de 8 pièces gravées par Goirand. *Très-rare à trouver complète.* Superbes épr. avec marges.

1563. Vues et perpectives tirées sur les plus beaux lieux de Paris et ses environs ; belle suite de 8 pièces y compris le titre, gravées par Goyrand. Très-belles épr. Il y a 2 épreuves du titre, dont une avant la lettre.

1564. Les lieux les plus remarquables de Paris et de ses environs, suite de 10 pièces. Superbes épreuves du 1er état avant les titres, avec marges.

1565. Vue des Porcherons proche Paris ; vue du Pont-Neuf à Paris ; vue d'Arcueil proche Paris ; vue du jardin du roi au faubourg Saint-Victor. 4 jolies petites pièces, tirées sur la même feuille. Épr. superbes. Les deux premières surtout *sont très-rares*.

1566. Hôtel-Dieu de Paris ; église Saint-Sauveur ; église Sainte-Élisabeth ; vue des Martyrs de Montmartre ; les Petits-Augustins du faubourg Saint-Germain ; les Filles de l'Annonciate ; église des carmélites du faubourg Saint-Jacques. 7 pièces. Très-belles épr.

1567. Perspective de la ville de Paris, vue du pont des Tuileries.

SILVESTRE (*Israël*).

1568. Place Royale et Hôtel-de-Ville de Paris. 2 pièces. Très-belles épr.

1569. Vue du quai des Augustins et du pont Saint-Michel. Superbe épr. avec marges.

1570. Vue de la porte Saint-Denis de Paris. Très-belle épr. avec marges.

1571. Vue de l'archevêché de Paris et du pont de la Tournelle. *Rare.* Très-belle épr. avec marges.

1572. Vue de la maison et jardin du grand-prieur du Temple. Très-belle épr.

1573. Vue de l'Hôtel-de-Ville de Paris ; vue de l'Hôtel-de-Ville et de la place de Grève. 2 pièces. Très-belles épr.

1574. Perspective de l'Eglise-Notre-Dame vue du quai de la Tournelle ; Notre-Dame vue de la place de Grève. 2 pièces. Très-belles épr.

1575. Le grand Châtelet de Paris. Très-belle épr.

1576. Vue de l'église et de l'hôpital Saint-Louis. Très-belle épr. avec marges.

1577. Vue de la Sainte-Chapelle et de la Chambre des Comptes de Paris. Très-belle épr.

1578 Vue de la fontaine Saints-Innocents à Paris. Tr.-belle épr.

1579. Vue de l'église et cimetière des Saints-Innocents à Paris. Très-belle épr.

1580. Le pont Saint Michel et la rue Neuve-Saint-Louis. Belle épr.

1581. Vue de la Bastille hors la porte Saint-Antoine ; château de la Bastille à Paris ; autre vue de la Bastille, avec quatre vers au bas. 3 pièces. Belles épr.

1582. Vue de l'hôtel de Soissons bâti par Catherine de Médicis. Belle épr.

1583. Vue de la Tour de Nesle et de la galerie du Louvre ; vue de la Tour de Nesle et du Louvre. 2 pièces. Très-belles épr.

SILVESTRE (Israël).

1584. Vue de la galerie du Louvre et du pont des Tuileries comme il était en 1657. Très-belle épr.

1585. Vue du Louvre par dedans le bâtiment neuf ; vue de la Tour neuve de l'hôtel du grand-prévôt et de la galerie du Louvre. 2 pièces. Très-belles épr.

1586. La statue de Henri IV et l'île du Palais. Très-belle épr.

1587. Vue du Pont-Neuf et de l'île du Palais à Paris. Épr. superbe, avec marges.

1588. Vue et perspective du Pont-Neuf et de la galerie du Louvre.

1589. Vue de l'abbaye Saint-Germain-des-Prés ; maison abbatiale de Saint-Germain-des-Prés. 2 pièces. Très-belles épr.

1590. Vue et perspective de l'hôtel Saint-Paul et de la façade des Jésuites. Très-belle épr.

1591. Vue du Louvre et de la grande galerie du côté des offices ; galerie du Louvre dans laquelle sont les portraits des rois et des reines ; partie du Louvre où sont les appartements du roi et de la reine ; vue et perspective du dedans du Louvre. 4 pièces. Très-belles épr., avec marges.

1592. Palais des Tuileries ; dôme du palais des Tuileries ; perspective des Tuileries et de la grande écurie. 3 pièces. Très-belles épr., avec marges.

1593. Vue et perspective du gros pavillon des Tuileries et de la grande galerie du Louvre. Superbe épr. avec marges.

1594. Vue du jardin et du pont des Tuileries ; vue du jardin des Tuileries et de la porte de la Conférence. 2 pièces. Très-belles épr., avec marges.

1595. Vue du Palais-Cardinal du côté du jardin ; vue du fort royal fait en l'année 1650 dans le jardin du Palais-Cardinal. 2 pièces. Très-belles épr.

SILVESTRE (*Israël*).

1596. Vue du palais d'Orléans, du côté des Chartreux. Le fonds est gravé par Herman Swanevelt. Très-belle épr.

1597. Vue de l'île Louviers et d'une partie de l'île Notre-Dame. Le paysage est de Herman Swanevelt. Très-belle épr. avec marges.

1598. Palais d'Orléans (Luxembourg). 5 pièces. Très-belles épr.

1599. Eglise des Quinze-Vingts, maison de M. Bretonviller ; abbaye royale des religieuses de Longchamps, vue du Pont-Neuf, place de Grève, église des Bernardins, du pont Saint Landry, l'hôtel de Nevers et l'île du palais, église de Clichy-la-Garenne, etc. 14 pièces.

1600. Palais de Saint-Germain et du Luxembourg. 2 pièces. Superbes épr.

1601. Château de Ruel et ses dépendances. Suite de 13 pièces, y compris le titre, gravées par Perelle.

1602. Chapelle du château de Saint-Germain en Laye ; entrée de l'église de Ruel. 2 pièces. Très-belles épr.

1603. Vue du château neuf de Saint-Germain en Laye, du côté de la rivière. Grande pièce en largeur.

1604. Vue et perspective de l'aqueduc d'Arcueil ; gravé par Goffrand. Très-belle épr.

1605. Profil de la ville de Saint-Denis. Très-belle épr.

1606. Vue du château de Saint-Germain en Laye, 1658. Très-belle épr.

1607. La Sorbonne, château de Richelieu, de Bury, de Pont en Champagne, de Chevigny en Touraine. 12 pièces.

1608. Vue du château de Chantilly. Superbe épr. avec marges.

1609. Châteaux de Maison, Frémont, Fresnes, Meudon, Rincy, Chaillot, Saint-Cloud. 15 pièces.

1610. Eglise des Cordeliers, palais et pont royal de Lyon,

maison de ville de Lyon, bastion Saint-Jean-de-Pierre-
en-Size. 4 pièces.

1611. Profil de Nancy, Notre-Dame-de-Bon-Secours, perspective du marais où le duc de Bourgogne fut tué,
porte Saint-Louis de Nancy, église des capucins, porte
Saint-Georges de Nancy. 6 pièces.

1612. La Mayorre, Saint-Victor de Marseille ; vue de Crosne
et du pont de Marseville, châteaux de Tanlay, de Moné,
de Villeroy, de Chilly, du Verger, etc. 27 pièces.

1613. Châteaux de Madrid, Saint-Maur, Vincennes, Berny,
Ecouen, Verneuil, Blerencourt, Coulommiers, etc.
20 pièces.

1614. Partie de la ville de Màcon ; château de Versailles ;
maison et doyenné de Pontoise. 3 pièces. Belles épr.

1615. Titre de : Livre de diverses perspectives et paysages
mis en lumière en 1650. Très-belle épr.

1616. Vues d'Italie : Saint-Pierre de Rome, le château Saint-
Ange, église Notre-Dame-de-Lorette, etc. Suite de 12
pièces. Très-belles épreuves.

1617. Antiche e modérne vedute di Roma. Suite de 12
pièces. Très-belles épreuves.

1618. Recueil des vues de plusieurs édifices tant de Rome
que des environs. Suite de 13 pièces, y compris le
titre. Très-belles épreuves.

1619. Les églises des stations de Rome. 11 pièces y compris
le titre. Très-belles épr.

1620. Église Saint-Pierre de Rome et château Saint-Ange ;
entrée du port de Venise, grande place Saint-Marc ;
autres vues de la place Saint-Marc. 5 pièces. Très
belles épr.

1621. Rome. Grande vue en largeur, en trois planches
réunies.

1622. Vues diverses d'Italie. 9 pièces.

SIMONNEAU (*C.*).

1623. Bourdaloue, d'après Jouvenet. Petit in-4°. Très-belle épr., avec marges.

1624. Louis XIV dans un médaillon tenu par une figure allégorique. In-fol. Très-belle épr.

1625. Jean Mabillon. In-fol. Belle épr.

SMITH (*Jean*).

1626. Abraham Hondius peintre, d'après lui-même. In-fol., à la manière noire. Très-belle épr.

SNYERS (*Henri*).

1627. Abraham Bloemaert. In-4°. Très-belle épr.

SOLIS (*Virgile*).

1628. Pièce en forme de frise où l'on voit, à droite, un bourreau tranchant la tête de saint Jean Baptiste.

SOMER (*Van*).

1629. Jean Claude, ministre à Charenton. In-4°. Très-belle épr.

SOUTMAN (*B.*).

1630. Sacre d'un évêque, d'après Rubens. Épreuve superbe.

SPIRINX.

1631. Dame Anne Baudesson, veuve de Jean Pillou. In-fol. Très-belle épr.

STOCK (*André*).

1632. Lucas de Leyde, d'apr. lui même ; autre par Hondius. 2 pièces. Très-belles épr.

STOOP (*Thierry*).

1633. Un cheval attaché par la bride à un palis. B. 4. Cheval attaché par le licou à un palis. 9. 2 pièces. Très-belles épr. avant le numéro.

STRADA (*Vespasien*).

1634. La Vierge debout sur un croissant. B. 7. Très-belle épr

STRANGE (*Robert*).

1635. La Vierge, d'apr. le Guide. Très-belle épr.

SUBLEYRAS (*Pierre*).

1636. Le serpent d'airain. R. D. 2. Très-belle épr.

SUYDERHOEF (*Jonas*).

1637. Les trois commères ; scène de cabaret, composition de trois figures. 2 pièces, d'apr. Ostade.

1638. René Descartes, d'apr. Hals. In-fol. Superbe épr. du premier état.

1639. Adrien Heereboord, professeur de philosophie, d'apr. Dubordieu. In-fol. Magnifique épr. du premier état.

1640. Godartus a Rede. In-4°. Très-belle épr.

SWANENBURG.

1641. La Richesse, représentée par une jeune femme assise près d'une table chargée d'or et de bijoux, d'apr. Bloemaert. Très-belle épr.

1642. Le diable peintre. Très-belle épr.

SWANEVELT (*Herman*).

1643. Les chèvres. B. 30. Très-belle épr. du premier état.

1644. L'hôpital. B. 87. Première et très-belle épr., avec l'*excudit*.

1645. La porte de ville. 92. Première et très-belle épr. avec l'*excudit*.

1646. Fuite en Egypte, représentée de quatre manières différentes. B. 97-100. Suite de quatre pièces. Premières et très-belles épr., avec l'*excudit*.

TANJÉ.

1647. Scène de joueurs, d'apr. Michel-Ange de Caravage. Très-belle épr.

TARAVAL.

1648. Comte de Caylus, d'apr. Vassé. In-4º. Très-belle épr.

TARDIEU (*Alex.*).

1649. Bonaparte premier consul, d'apr. Isabey; Bonaparte en pied, par Benoit jeune. 2 pièces. In-8º.

TARDIEU (*J.*).

1650. Jeanne-Françoise Fremiot, baronne de Chantal. In-8º. Très-belle épr.

TARDIEU (*N.*).

1651. Charles Rollin, d'apr. Coypel. In-fol. Belle épr. — Le même, par Ravenet. In-8º.

TENIERS (*David*).

1652. La fête flamande, pièce capitale, à l'eau-forte. Très-belle épr. du premier état.

1653. Intérieur de cuisine. Très-belle épr.

1654. Les joueurs de cartes, composition de sept figures. Très-belle épr.

1655. Un buveur tendre. Il tient la main posée sur l'épaule d'une femme assise près de lui. Très-belle épr.

1656. Un fumeur assis; un joueur de guitare. 2 pièces. Très-belles épr.

1657. Vieille femme assise, tenant un chapelet. Très-belle épr.

1658. La tentation de saint Antoine; gravé par Wingaerde. Très-belle épr.

1659. Les singes musiciens, joueurs, fumeurs, etc. 6 pièces gravées par Coryn Boël. Très-belles épr.

1660. Singes barbiers et décrotteurs; buveur et fumeur; paysan tenant une cruche. 3 pièces gravées par Coryn Boël. Très-belles épr.

1661. Le chimiste, gravé par Major. Très-belle épr.

TESTA *(Pierre.)*

1662. Son portrait. Très-belle épr. signée au verso : *P. Mariette,* 1658.

1663. Achille traînant le corps d'Hector. Première et très belle épr. avant l'adresse de Vincent Billy.

THOMASSIN *(J.).*

1664. Thomas Corneille. In-fol. Le même par Duflos, d'apr. Jouvenet. In-8°. 2 pièces,

TIEPOLO.

1665. De la fuite en Egypte. 7 pièces; petit satyre près d'un chèvre.

1666. Famille de satyres, groupe de figures regardant la Mort assise à droite; un cavalier; fuite en Egypte; saint Jean prêchant; saint Vincent Ferrerio. 7 pièces. Très-belles épr.,

TRESCA.

1667. Les apprêts du ballet, d'apr. Lavrince. Jolie pièce en couleur. *Rare.*

TROUVAIN *(A.).*

1668. Reine en costume de cour, une couronne sur la tête, époque Louis XIV.

1669. Isaac-Louis Lemaître de Sacy, d'apr. Ph. de Champagne; Antoine Lemaître, par Lubin. 2 pièces.

1670. 1697. Denise, femme de Pierre le Petit. In-fol. Très-belle épr. avant la lettre.

1671. Jean Pesne, peintre et graveur, d'apr. lui-même. In-fol. Très-belle épr.

1672. Pierre Simon, d'apr. Tortebat. In-fol. Très-belle épr.

1673. Vauban, lieutenant général des armées du roi. In-8°. Très-belle épr.

UDEN *(Lucas Van).*

1674. Paysage traversé par une rivière; sur le devant, deux souches d'arbres penchées sur l'eau. Très-belle épr.

VAILLANT (*W.*).

1675. Le portrait de Robert ou Rupert, prince palatin du Rhin, auquel on attribue l'invention de la gravure en manière noire. In-4°. *Rare*. Très-belle épr.

VAILLANT (*I.*).

1676. Christophe Ozanne, médecin de Chaubray. In-4°. Très-belle épr.

VALESIO (*Jean-Louis*).

1677. La Vierge s'entretenant avec l'Enfant Jésus. B. I. Un ovale rempli de douze têtes d'hommes, de femmes et d'enfants. 7. 2 pièces. Très-belles épr.

VALLET (*Guillaume*).

1678. Pierre Corneille, d'apr. Paillet. In-fol. *Rare*. Très-belle épr.

1679. Le théâtre de Pierre Corneille. Titre in-fol., où l'on voit, au milieu au-dessous de la Renommée, le buste de P. Corneille.

1680. 1665. Jean-Louis Guez, seigneur de Balzac. In-fol. — Le même, par Mellan. In-4°. 2 pièces. Très-belles épr.

VANGELISTY.

1681. Anne-Marie Martinozzi, princesse de Conti, d'après Petitot. In-8°. Très-belle épr.

VEEN (*Gisbert Van*).

1682. Jean de Bologne, statuaire et architecte. In-fol. *Rare*. Épr. superbe.

VELDE (*Adrien Van de*).

1683. Les trois bœufs. B. 3. Très-belle épr.

1684. La brebis allaitant un agneau. 14. Très-belle épr.

VELDE (*Jean Van de*).

1685. Danse d'enfants, d'après P. de Molyn. Très-belle épr.

1686. Laurent Coster, d'après V. Campen. Épreuve superbe.

1687. Jacques Matham graveur, d'après Soutman. In-4°. Superbe épreuve, signée : *P. Mariette*. 1666.

VERMEULEN (*C.*).

1688. Olivier Cromwel. In-4°. Très-belle épr.

1689. Pierre Nicole, d'après Élisabeth Cheron. In-fol. Très-belle épr.

1690. Balthazar Philippeaux, marquis de Châteauneuf, d'apr. P. Mignard. In-8°. Très-belle-épr.

1691. Pierre-Paul Sevin, peintre, d'après Cotelle. In-4°. Très-belle épr.

VICO (*E.*).

1692. La Vierge assise sur des nues, B. 4, d'après l'estampe de Marc-Antoine, n° 49. Très-belle épr. du 1er état, *avant l'adresse : Ant. Sal.*

1693. La dispute des Muses et des Piérides. B. 28. Très-belle épr. avec l'adresse de Lafrery.

1694. Charles-Quint empereur, dans un ovale ménagé au milieu d'une décoration d'architecture. 254. Très-belle épr.

1695. Un vase. 432. Très-belle épr.

VILLAMÈNE.

1696. Christophe Clavius, de la Société de Jésus. In-fol.

VISSCHER (*Corneille*).

1697. Le marchand de mort aux rats, magnifique épreuve, avant que l'adresse de Clément de Jonghe ait été effacée. Elle porte dans la marge du bas la signature *de P. Mariette*. 1667.

1698. Le grand chat. Très-belle épr.

1699. La souricière ; deux enfants, dont l'un tient une bannière, regardent une souris prise au piége. Très-belle épr.

VISSCHER (*Corneille*).

1700. Composition de cinq figures ; sur le devant un joueur de violon assis, d'après Brouwer. Très-belles épr.

1701. La Bohémienne. Très-belle épr.

1702. Buste de vieille femme que l'on croit être la mère du graveur. Très-belle épr.

1703. Sujets pastoraux, d'après Berghem. 4 pièces en hauteur. Très-belles épr.

VISSCHER (*Jean*).

1704. La noce, d'après Adrien Van Ostade. Première et très-belle épr. avant la séparation de la planche en deux parties.

1705. Bergers gardant un troupeau, d'après Berghem. Très-belle épr.

1706. Pierre-Paul Rubens, d'après Antoine Vandyck. In-fol. Très-belle épr.

1707. Verhellius, d'après P. Schiek. In-4°. Très-belle épr.

VLIEGER (*Simon de*).

1708. La forêt claire. B. 3. Belle épr.

1709. Le transport du bled. 5. Belle épr.

1710. Le bourg, l'une des pièces capitales du maître. B. 9. Très-belle épr.

1711. Le bélier et les trois moutons. 15. Très-belle épr.

VLIET (*Van.*)

1712. Les débauchés. Cl. 16. Épr. superbe.

VOERST (*Robert Van*).

1713. Son portrait, d'après Vandyck. Très-belle épr., avec les initiales : G. H.

VOORT (*Van den*).

1714. Les enfants musiciens, jolie petite pièce à l'eau-forte. Très-belle épr.

VORSTERMAN (*Lucas*).

1715. Job tourmenté par les démons, d'après Rubens. Superbe épr. *De la collection Camberlyn.*

1716. Sainte Famille, d'après Rubens. Très-belle épr.

1717. Trois anges pleurant sur le corps de Jésus-Christ, d'après Vandyck. Très-belle épr.

1718. Le connétable de Bourbon, d'après le Titien. In-fol. Épr. superbe.

1719. Jacques Callot, d'après Vandyck. Superbe épreuve du 1er état avant le nom du graveur, et avant les deux lignes d'écriture au-dessous du nom de Callot. *Rare.*

1720. — Le même. Très-belle épr.

1721. Charles-Quint, d'après le Titien. In-fol. Très-belle épr.
— Le même personnage, tiré de Thevet.

1722. Wenceslas Coeberger, d'après Vandyck. Très-belle épr., avec l'adresse de *Martin Van den Enden.*

1723. Antoine Cornelissen, d'après Vandyck. Superbe épr. du 1er état, avant le nom du graveur.

1724. Deodatus Delmont, d'après Vandyck. Très-belle épr.

1725. Hubert Van den Enden, d'après Vandyck. Très-belle épr. avec une seule ligne d'écriture, et avec l'adresse de Martin Van den Enden.

1726. Nicolas Lamer, d'après Jean Livens. Très-belle épr.

1727. Jean Livens, d'après Vandyck. Belle épr.

1728. François de Malherbe, d'après Dumoustier. In-8°. Très-belle épr.

1729. Charles de Mallery, d'après Vandyck. Belle épr. du 1er état, avant le nom du graveur.

1730. Jodocus de Momper, d'après Vandyck. Superbe épr. du 1er état, avant le nom du graveur.

1731. Gaston duc d'Orléans, d'après Vandyck. Très-belle épr.

1732. Nicolas Fabrice de Peirese, d'après Vandyck. Très-belle épr.

VORSTERMAN (*Lucas*).

1733. Puget de Laserre. In-8° Très-belle épr. signée au verso : P. *Mariette.* 1679.

1734. Claude de Saumaise, d'après Dubordieu. In-fol. Épr. superbe.

1735. Corneille Schut, d'après Vandyck. Très-belle épr.

1736. Lucas Van Uden, d'après Vandyck. Superbe épr., avec l'adresse de Martin Van den Enden, avec marges.

1737. Corneille de Vos, d'après Vandyck. Superbe épr. du 1er état, avant le nom du graveur.

VOS (*Martin de*).

1738. Les sept œuvres de miséricorde. Suite de 7 pièces, plus le jugement dernier. *Jean Galle excudit.*

VOUET (*Simon*).

1739. Sainte Famille, seule pièce gravée par le maître. R. D. vol. V. Très-belles épr.

VOYSARD.

1740. Promenade du boulevard Italien, ou petit Coblentz. 1797. Belle pièce à costumes, *rare.* Très-belle épr.

WAEL (*Corneille de*).

1741. L'enfant prodigue chassé d'une maison de débauche; Les marionnettes. 2 pièces. Très-belles épr.

WANT (*Ormant*).

1742. Le cardinal Charles de Bourbon, archevêque de Rouen. In-8°. Très-belle épr.

WARTEL.

1743. Marie-Antoinette. In-4°. Très-belle épr.

WATERLOO (*Antoine*).

1744. La place devant l'auberge. B. 95. Très-belle épr.

1745. La ferme au bord de l'eau. 116. Très-belle épr. tirée avant des travaux au burin dans les parties ombrées.

WATERLOO (*Antoine*).

1746. Les deux voyageurs au repos dans le bois. 123. Très-belle épr.

1747. Elie dans le désert. 136. Beau paysage. Très-belle épr.

1748. Abraham renvoyant Agar. 131. Beau paysage. Très-belle épr. tirée sur papier à la Folie.

WATERMEL.

1749. L'ombre inique (*M. d'Argenson, garde des sceaux, conduit aux enfers*).

WATSON (*Caroline*).

1750. John Milton. Petit médaillon ovale au-dessus d'une tablette sur laquelle on a représenté Adam et Eve chassés du paradis.

WATTEAU (*Antoine*).

1751. Son portrait en buste. In-4°. Très-belle épr.

1752. Figures de modes ; l'homme accoudé. R. D. 1er état non décrit avec le trait carré, *mais avant toute lettre. Rare.*

L'homme appuyé. 3. Le promeneur, vu de profil. 4. La femme marchant à gauche. 5. La femme marchant au fond. 6. 4 pièces. Très-belles épreuves, avant toute adresse.

1753. La Comédie italienne, terminée par Simonneau. Très-belle épr.

1754. La même pièce. Belle épr.

1755. Le chat malade, composition très-spirituelle du maître, gravée par Liotard. Très-belle épr.

1756. *Coquettes, qui pour voir galans au rendez-vous...* Jolie pièce gravée par Thomassin. Très-belle épr.

1757. La sérénade italienne ; gravé par Scottin. Très-belle épr.

1758. L'occupation selon l'âge ; gravé par Dupuis. Très-belle épr.

WATTEAU (*Antoine*).

1759. Mezetin, la sultane. 2 pièces gravées par Baudran.
Très-belles épr. avec marges.

1760. Bon voyage; gravé par Baudran. Très-belle épr.

1761. La Peinture, figurée par un singe peignant; gravé par
Desplaces.

1762. L'escarpolette, arabesque; gravé par Crepy fils.

WATTEAU FILS.

1763. Jeune dame dans une promenade publique; gravé
par Dupin.

WEIROTTER.

1764. Marines, paysages. 4 pièces. Très-belles épr.

WENCESLAS D'OLMUTZ.

1765. La Vierge au singe ; copie de l'estampe d'Albert Durer. B. 24. Épreuve en partie coloriée.

WEYEN *Excudit* (*Herman*).

1766. Description de la grande Chartreuse, des montagnes,
et bâtiments en dépendant.

WHITE (*G.*).

1767. Jean-Baptiste Monoyer, peintre de fleurs, d'après
Kneller. In-fol. à la manière noire. Très-belle épr.

WIERIX (*Antoine*).

1768. Le pape Innocent IX. In-8°. Très-belle épr.

1769. Philippe-Emmanuel de Lorraine, duc de Mercœur.
In-8°. Très-belle épr.

1770. Philippe II roi d'Espagne, joli petit portrait. Très-
belle épr.

WIERIX (*Jean*).

1771. Prince d'Orange couvert d'une armure richement ornementée. Médaillon rond. In-8°. Très-belle épr.

WIERIX (*Jérôme*).

1772. Christ en croix, avec emblèmes de la religion nouvelle. Très-belle épr.

1773. Dieu le Père pressant la croix portée par Jésus, dont toutes les plaies versent du sang. Très-belle épr.

1774. Claude Aquaviva, de la Société de Jésus. In-8°. Très-belle épr.

1775. Jacques Lainez, de la Société de Jésus. In-8°. Très-belle épr.

1776. Michel de l'Hopital, beau portrait in-fol. Très-belle épr.

WILLE (*J.-G.*).

1777. Le jeune joueur d'instrument, d'après Schalken. Très-belle épr.

1778. L'observateur distrait, d'après Miéris ; le petit physicien, d'après Netscher. 2 pièces. Très-belles épr.

1779. Portrait de Berregard Danois, dans un médaillon ovale, d'après Toqué. In-8° oblong. Superbe épr. avant les accessoires autour du médaillon.

1780. Jacques de Chabannes, comte de la Palisse. In-4°. Belle épr.

1781. Largillière ; Nicolas-Henri Tardieu, par Tardieu fils. 2 pièces. Très-belles épr.

1782. Claude-Nicolas Lecat, d'après Thomiers. In-4°. Très-belle épr.

1783. Louis, dauphin de France, d'apr. Klein. Très-belle épr. avec marges. *De la collection Camberlyn.*

1784. L'abbé Prevost, d'apr. Cochin, charmant portrait. In-8°. Très-belle épr.

WILLEMIN ET AUTRES.

1785. Costumes, ornements, meubles, etc. 13 pièces.

WINSTANLEY.

1786. Joseph Ribera, d'après lui-même. In-4°. Très-belle épr.

WOOLLETT (*William*).

1787. Rubens, d'apr. Van Dyck. Très-belle épr.

WORLIDGE (*Thomas*).

1788. Son portrait par lui-même, gravé à l'eau-forte. Très-belle épr.

WICK (*Thomas*).

1789. Les cuisinières près du puits. B. 13. Très-belle épr. avec marges.

1790. Une malle ouverte, près de laquelle se trouvent différents objets, *pièce non décrite par Bartsch. Rare.* Très-belle épr.

WINGAERDE (*François*).

1791. Orgie de soldats, d'apr. Rubens. Très-belle épr.

YOUNG (*J.*).

1792. Jacques Delille, d'apr. Monnier. In-fol. à la manière noire. Très-belle épr.

ZAGEL (*Martin*).

1793. La décollation de sainte Barbe. B. 9. Épr. superbe.

ZEEMAN (*Reinier*).

1794. Vues de Paris et de ses environs. B. 55-62. Suite de 8 pièces. *Très-rare à trouver* complète. Très-belles épr.

1795. Le pavillon de Mademoiselle, à Paris. B. 55. *Très-rare.* Épr. superbe.

1796. *De Noorder* Marckt met de Kerck; un grand navire placé à la gauche de l'estampe. 2 pièces. Très-belles épr.

1797. Marines. 7 pièces. Très-belles épr.

NORMANDIE

PLANS, VUES, PORTRAITS.

ANONYME.

1798. Estampe allégorique représentant Jésus chassant les marchands du temple, faite à l'occasion de l'expulsion des conseillers supérieurs de Rouen, en 1774. La scène se passe dans la cour du Palais. — Un texte explicatif est joint à cette estampe.

BACHELEY.

1799. 1765. Vue du port de Rouen, prise du petit château; 1678, Rouen vu de Mont-Sainte-Catherine; Rouen vu de dessus la voûte de l'église des Chartreux. 3 pièces. Très-belles épr.

1800. Vue du port de Rouen, prise du petit château. Très-belle épr.

1801. Vue de la ville du Havre.

BAILLEUL (*Gaspard de*).

1802. Plan de la ville de Rouen.

BIGNON (*F.*).

1803. Plan de la ville de Caen, avec entourage contenant : une vue de Caen, des carrières de Vaucelles, abbayes de Saint-Etienne, d'Ardeine, de Fontenay-les-Caen, de la Sainte-Trinité, divers châteaux ; en 6 feuilles, très-bien conservé. *Rare*.

En dehors de cette série de pièces sur la Normandie, il s'en trouve d'autres dans le cours de ce catalogue, dans l'œuvre de Bonington, par exemple, qui est décrit plus loin. Aux noms de Léonard Gaultier, de Michel Lasne, de Nanteuil, on trouvera des portraits de plusieurs personnages normands ; à celui de Cochin, la foire de Guibray.

CHATILLON (*Claude*).

1804. La ville de Rouen, métropolitaine de la province de
Normandie.

COCHIN (*C. N.*).

1805. Vue du port et de la ville de Rouen; vue du pont et de
la ville de Rouen. 2 grandes pièces gravées sous la di-
rection de Lebas et Choffard. Très-belles épr. avant la
dédicace.

1806. Vue du port et de la ville de Rouen. *C. N. Malapeau,
aqua forti.* Superbe épr. avant la lettre.

D'ANCKER DANCKERTS *excudit.*

1807. Vue de Rouen; autres vues et plans de la même ville,
par divers. 9 pièces.

DEROY.

1808. Cathédrale de Rouen, portail principal; portail de la
Calende; ruines de la commanderie de Saint-Vau-
bourg, par André Durand. 3 lith.

DEVRITZ.

1809. Le cormier de Cideville, d'apr. Voiriot.

DIVERS.

1810. Sur Rouen, 8 pièces; Caen, 1 pièce. 9 lithographies.
1811. Cathédrale de Rouen, palais de justice, la grande maison aux Andelys, escalier de Saint-Maclou, grande
cour du palais du cardinal d'Amboise, à Gaillon, etc.
17 lithographies.
1812. Anet, Gaillon, Notre-Dame de Rouen, Dieppe, Evreux,
Falaise, Lisieux, Louviers, etc. 27 pièces sur la Normandie.

MODERNES.

1813. Rouen, Saint-Maclou, église Saint-Ouen, maison construite en bois à Caen, détail de l'hôtel du
Bourgtheroulde à Rouen, lucarne du palais de justice,

cathédrale d'Evreux, cathédrale de Rouen, église de Caudebec, etc. 27 lithographies.

1814. Vues prises en Normandie et sujets relatifs à la Normandie. 67 pièces.

1815. Personnages normands. P. Corneille, Hue de Miromenil, J.-B. Descamps, Anne de la Vigne, Jean Boussard, Fontenelle, Thouret, Lecarpentier, etc. 30 portraits.

1816. Rouen. 1592. Carte en haut de laquelle on voit à gauche un petit plan de Rouen.

1817. *Cartes et plans.* Diverses parties de la Normandie. 13 pièces.

DREVET (*Pierre*).

1818. Mgr de Tressan, archevêque de Rouen, à genoux devant la Vierge et l'Enfant Jésus. Pièce dite : Le petit bréviaire. Très-belle épr.

1819. Même sujet, dit : Le grand bréviaire. Très-belle épr.

DURAND (*André*).

1820. Excursion pittoresque et archéologique dans les environs de Dieppe. 24 lith.

GARNERAY.

1821. Vues de Rouen, Caen, le Havre, Dieppe, Harfleur, Tréport, etc. 12 pièces à l'aqua-tinte.

GODEFROY (*F.*).

1822. Vue perspective de la ville de Rouen, d'après Hue. Très-belle-épr. avant la dédicace.

GOMBOUST (*Jacques*).

1823. 1655. Plan de Rouen, avec encadrement composé de vues de Rouen, et de châteaux, en six feuilles, très-bien conservé. *Rare.*

— Plus un texte relatif à ce plan, avec dédicace au duc de Longueville.

ISABEY.

1824. Normandie, lithographie sous verre.

JACQUES.

1825. Cérémonie de la levée de la fierte par le prisonnier, le jour de l'Ascension, à Rouen. Très-belle épr.

JOLIMONT.

1826. Vue générale de la ville de Rouen en 1525, d'après une peinture du temps sur parchemin, conservée aux archives communales. 2 épreuves, dont une coloriée.

1827. Diverses vues des monuments de Rouen. 18 lith.

JONGHE *Excudit (Clément de)*.

1828. Vue de Dieppe. 1669.

LANGLOIS (*Hyacinthe*).

1829. Le Christ en croix, petit dessin à la plume, encadré.

1830. Palais de justice de Rouen ; église de Saint-Maclou de Rouen. 2 dessins.

1831. Son portrait, d'après le médaillon de David. —Maison dans laquelle est né Pierre Corneille ; vitrail de l'église cathédrale de Rouen ; de l'église Saint-Ouen de Rouen ; de l'église Saint-Patrice à Rouen ; fontaine de la croix de pierre à Rouen ; vue du port de Rouen ; vue de la partie méridionale de Rouen ; église Saint-Ouen ; baptême de Rollon ; bataille d'Hastings ; Nec plus ultrà, etc. 17 pièces.

LANGLOIS (*Hyacinthe* et *Espérance*).

1832. Vues et monuments de Normandie, costumes, portraits, etc. 68 pièces.

LANGLOIS (*Espérance.*)

1833. Cérémonie de la levée de la fierte à Rouen. 2 épreuves, dont une avant la lettre.

LANTÉ.

1834. Costumes de femme en Normandie. 23 pièces coloriées.

LAWERS (*C*.).

1835. Saint Romain, archevêque de Rouen, délivre la ville d'un dragon. Vue de Rouen dans le fond. *Rare*. Très-belle épr.

LEBAS.

1836. Arrivée du roi au Havre-de-Grâce, le 19 septembre 1739, d'après Descamps.

LE GOUAZ.

1837. Port de Rouen, port et bassin du Havre, port de Fécamp, de Saint-Valery en Caux, port de Dieppe, port vieux et port neuf d'Honfleur, port de Caen, rade et port de Cherbourg, port de Granville, etc. 24 pièces, d'apr. Ozanne.

LEMIRE (*N.*)

1838. Hue de Miromesnil. Petit médaillon appuyé sur le piédestal d'une colonne funéraire. Épr. superbe. *H. 8.*

LEMONNIER.

1839. Tableau de la Chambre du commerce de Rouen, représentant Louis XVI lors de son passage en cette ville, à son retour de Cherbourg en 1786. Lithographie.

LONDE (*De la*).

1840. Vue de Caen, ville capitale de la basse Normandie. Grande et belle pièce. Très-belle épr.

MARTENS.

1841. Panorama de Rouen, pris du côté de Bon-Secours. Grande pièce à l'aqua-tinte.

MARTIN LE MESGISSIER (*De l'imprimerie de*).

1842. Taux des vivres fait à Rouen, le roi y étant, le 27 novembre 1617.

MARTINET.

1843. Vue du Havre, d'apr. le chevalier de Lespinasse.
Très-belles épr. avant la lettre.

NÉE.

1844. Vues de Rouen, porte Saint-Maclou, première et
deuxième vue de la Bourse de Rouen, tours du vieux
palais et porte du Bas à Rouen. 8 pièces, d'apr. Lal-
lemand. Très-belles épr. avant la lettre.

PROUT (S.).

1845. Place de la Pucelle à Rouen; Pont de l'Arche près
Rouen. 2 lithographies; Pierre Corneille assis, lith.;
Corneille accueilli par le grand Condé, au trait. 4 piè-
ces.

1846. Saint-Maclou de Rouen; Saint-Ouen de Rouen, par
Gavard. 2 lithographies.

SILVESTRE (Israël).

1847. Deux vues différentes du pont de pierre de Rouen;
vue du vieux château de Rouen. 3 pièces.

1848. Vue du vieux château de Rouen; vue de la porte du
Bac à Rouen. 2 pièces. Très-belles épr.

1849. Vue de la porte du Bac à Rouen. Très-belle épr.

1850. Vue de l'église Notre-Dame de Rouen du côté du
pont. Très-belle épr. — Copie de cette pièce, par Espé-
rance Langlois.

1851. Vue de Notre-Dame de Rouen, du côté du pont; vue
de la porte du Grand-Pont, à Rouen. 2 pièces.

1852. Château et chapelle de Gaillon; vue du jardin d'en
haut de Gaillon; vue du château de Gaillon, 2 vues
différentes. 5 pièces. Très-belles épr.

1853. Vue et perspective du château de Gaillon, grande
pièce en largeur. Très-belle épr.

1854. Vue du château de la Roche-Guyon en Normandie.
Très-belle épr.

SILVESTRE (*Israël*).

1855. La grande église de Manthe; église de Venteuil près la Roche-Guyon. 2 pièces. Très-belles épr.

S. L. B.

1856. Grand portail de l'église métropolitaine de Rouen; vue de la même église du côté du séptentrion. 2 pièces.

1857. Entrée de Henri II, roi de France, à Rouen au mois d'octobre 1550; ornée de 10 planches à l'eau-forte par Louis de Merval. Rouen. Lebrument. 1869. In-4° oblong, broché.

1858. Les principaux édifices de la ville de Rouen en 1525, par T. de Jolimont. Rouen. Lebrument. 1815. In-4°, figures. Cartonné.

1859. Monuments les plus remarquables de la ville de Rouen par de Jolimont. Paris. Leblanc. 1822. In-fol., figures. Cartonné.

PIÈCES MODERNES.

BONINGTON, CHARLET, DECAMPS, EUG. DELACROIX, GAVARNI, GÉRICAULT, MEISSONNIER, MERYON, RAFFET, &.

AUBRY LECOMTE.

1860. Femmes nues couchées, d'apr. Girodet. 2 pièces.

1861. Danse d'Amours, d'apr. Raphaël. 2 épreuves. Eve, d'apr. Raphaël; l'Ode, d'apr. Galimard, etc. 7 pièces.

BALDUS (*Héliographie de*).

1862. Portrait de Raphaël; sainte Cécile; les deux femmes au Zodiaque; Vierge assise sur des nues; Adam et

Eve; la Vierge au berceau; danse d'Amours, etc.
15 pièces, dont 13 d'apr. Marc-Antoine.

BEIN (*J.*).

1863. Baltard, architecte, d'apr. Gigoux. Superbe épr. avant
la lettre, sur chine.

BELLANGÉ (*Hippolyte*).

1864. Après vous, la *Quotidienne*; conclusion du conte;
là bourse ou la vie; honneur au courage malheureux;
vous avez là des parents bien estimables, etc. 18
pièces.

1865. Arcole; Marengo; avant-poste; etc. 8 pièces.

BLANCHARD (*Aug.*).

1866. Frédéric Bérat, d'après Pollet.

BLERY (*E.*).

1867. Le bouleau; le hêtre; chênes. 3 pièces.
1868. Paysage, d'apr. Ruysdaël. Très-belle épr.
1869. Un paysage en largeur. Très-belle épr. sur papier de
Chine.

BODMER (*K.*) ET MOUILLERON.

1870. Un coin de jardin très-touffu. Grande lith. en hauteur,
cintrée.

BOILLY (*L.*).

1871. 1826. Réjouissance publique. Grande lithographie en
largeur.

BOIS MODERNES.

1872. D'après Meissonnier, Millet et autres. Épreuves tirées
avant le texte.

BONINGTON.

1873. Son portrait, d'apr. lui-même, gravé par F. Villot.
1847.

BONINGTON.

1874. *Abbeville*. Vue prise de la route de Calais. Très-belle épr. sur papier teinté. (Feillet.)
La même pièce sur blanc.

1875. *Abbeville*. Porte latérale à gauche de l'église Saint-Wilfranc. (Feillet.)

1876. *Beauvais*. Intérieur d'une cour. Sur papier teinté. (Feillet.)

1877. *Bergues*. La tour du marché. Épr. sur papier teinté. (Feillet.) — La même pièce sur blanc.

1878. *Bergues*. La tour du marché. *Lith.*

1879. *Brou*. Façade. Façade de l'église. *Lith. de Engelmann.*

1880. *Caen*. Maison grande-rue Saint Pierre. Sur papier teinté. (Feillet.)

1881. *Caen*. Deux enfants jouant avec un chien sur les degrés d'une porte gothique. On lit au milieu : *Architecture du moyen âge.* Lith. de Feillet. 2 épr. sur papier teinté.
— Église Saint-Sauveur. 2 épreuves sur papier teinté.

1882. *Caen*. Église Saint-Sauveur. (Feillet.)

1883. *Evreux*. Tour du Gros-Horloge, bâtie sous la domination des Anglais en 1417. *Lith. de Engelmann.*

1884. Vue générale de l'église de Saint-Germain, etc. Saint-Protais à Gisors. *Lith. de Engelmann.*

1885. *Lillebonne*. Château d'Harcourt. (Feillet.) Sur papier teinté.

1886. Façade de Saint-Jean à Lyon. Chapuy *del.* Bonington *inv.* Entrée de la rade de Rio-Janeiro, d'apr. Rugendas. Vue par Clerget, d'apr. Bonington. 5 pièces.

1887. *Rouen*. Rue du Gros-Horloge. *Lith. de Engelmann.*

1888. *Rouen*. Cathédrale de Notre-Dame, telle qu'elle était avant l'incendie de 1822. Sur papier teinté. (Feillet.)
— La même pièce sur blanc.

BONINGTON.

1889. *Rouen*. Entrée de la salle des Pas-Perdus, palais de justice. Sur papier teinté. (Feillet.) — **La même pièce sur blanc.**

1890. *Rouen*. Fontaine de la Grosse. (Feillet.)

1891. Recueil publié à Londres en 1828, par Colnaghi; *Printed by Villain*. Titre : *a Duel Blweeen frank and Rasnleigh*. Suivi de cinq vues.

— Autre titre : *The Escape from Argyle Castle*, suivi également de 5 vues. Le tout en un recueil grand in-4° oblong. Cartonné.

1892. Lac de Killin. *Lith. de Villain.*

1893. Le repos; le silence favorable; les plaisirs paternels; la prière; la conversation; le retour. 6 pièces. *Lith. de Lenglumé.*

CALAME.

1894. 1841. Paysage en hauteur, paysage en largeur. 1845. 2 pièces à l'eau-forte. Très-belles épr.

CHAPLIN (*Ch.*).

1895. Daubigny, 1862; jeune fille tenant un nid; jeune fille donnant du grain à des pigeons; autre, assise et lisant; paysage. 5 pièces à l'eau-forte.

1896. Le Porcher, belle eau-forte. Très-belle épr.

1897. Salmacis; jeune baigneuse. 2 lithogr. par Chaplin, imprimées à la sanguine; indiscrétion, lith. par Alfred Lemoine, d'après Chaplin. 3 pièces.

1898. Jeune femme mettant des perles dans ses cheveux. Lith. par Emile Lasalle.

CHARLET (*Nicolas-Toussaint*).

1899. Son portrait à l'âge de 23 ans, lithographie par Maggi, d'après le dessin de Charlet. (Tiré à 25 exemplaires.)

CHARLET.

1900. Enfant à cheval ; en avant à gauche, un homme vu de dos, arrêté devant une barrière.
— Même sujet ; un homme à gauche coiffé d'un bonnet de police et tenant un panier au bras.
— Même sujet ; un homme en avant à gauche, coiffé d'une calotte. 3 pièces à l'eau-forte.

1901. Doucement, la mère Michel. *Lith. de Lasteyrie.*

1902. Réjouissances publiques. Grande et belle pièce, avec distribution de vin…. et de coups.

1903. Voilà pourtant comme je serai dimanche.

1904. Le gamin éminemment et profondément libéral.

1905. Infanterie en marche; on voit au milieu sur le devant un soldat portant un officier dans ses bras. *Rare.* *Lith. de Lasteyrie.*

1906. Au commandement de halte, rapporteur, vivement le pied qui est à terre.

1907. Le premier coup de feu.

1908. Le caporal blessé ; son chien lèche sa blessure. *Très-rare.*

1909. Siége et prise de Berg-op-Zoom, à la Petite-Provence. *Très-rare.*

1910. Cuirassier français tenant un drapeau. *Rare. Lith. de Delpech.*

1911. Elle a le cœur français , l'ancienne !

1912. La cuisine au bivouac. *Rare.*

1913. J'attends de l'activité. *Rare.*

1914. J'obtiens de l'activité. *Lith de Villain.*

1915. Les pénibles adieux. *Rare.*

1916. Les pénibles adieux. *Lith. de Motte.*

1917. Les invalides en goguette. *Rare.*

1918. Le soldat français. *Très-rare.*

1919. L'aumône, une des plus belles pièces de l'œuvre du

maître. Première et superbe épr. avant le mot *l'au-mône*. *Rare*.

— La même pièce.

13
1920. Que dit-on ? Au bas à gauche, la lettre *C*. *Très-rare*.
1921. On dit... Deux vieillards sont assis sur un banc, celui de gauche parle à l'oreille de l'autre. Au bas à droite, la signature *C*. *Très-rare*.

La pierre s'étant cassée après le tirage d'un petit nombre d'épreuves, le sujet a été refait comme il suit :

3
1922. On dit... La pièce est en sens inverse ; au bas à gauche, la lettre *C*. ; au bas à droite, le nom de Delpech.
1923. On ne dit rien. Avec le nom de Delpech et l'initiale *C*.

8
1924. Ecole du balayeur.
1925. Ils s'en vont.
1926. L'insubordination.
1927. M. Pigeon, en grande tenue.

6
1928. Entrée, ou milord Gorju ; et sortie, ou milord La Gobe. Lith. de Motte. 2 pièces. *Rares*. Très-belles épr.
1929. Dissimulons. *Lith. de Villain*.
1930. N'abandonnez pas cette pauvre veuve. *Lith. de Villain*.

1931. Il faut en rire. Avec le nom de Delpech et l'initiale *C*.
1932. Odry, rôle de Beldome, tiré du journal *le Miroir*.
1933. Entrez, entrez chez Giliaut. Lith. de Villain.
1934. Vainqueurs et vaincus, tout est fricot pour le diable. Lith. de Villain.
1935. Adieu, fils, je t'ai revu. Lith. de Villain.

20
1936. La mort du cuirassier. Très-belle pièce de l'œuvre du maître. *Très-rare*.
1937. L'école de village. Lith. de Villain.
1938. Les jeunes amateurs. Lith. de Villain
1939. Je grogne, c'est mon idée. Lith. de Villain.
1940. Sapeur en grande tenue ; il porte la croix et trois chevrons ; son poing gauche s'appuie sur un socle sur

lequel on lit : *La vieille armée française*. Cette pièce est considérée comme l'une des plus belles de l'œuvre de Charlet.

1941. Charge de cuirassiers. *Lith. de Lasteyrie. Rare.*

1942. Deux prisonniers russes amenés devant un officier français.

1943. Capitaine de voltigeurs, tenue de guerre. *Lith. de Motte.*

1944. Sergent de grenadiers à pied en petite tenue ; chasseur à pied ; mameluck ; artillerie légère, canonnier en grande tenue ; chasseur à pied en grande tenue, officier de lanciers en grande tenue. 6 pièces.

1945. Réjouissances publiques. *Lith. de Motte. Rare.*

1946. Chasseur. Il porte son sabre sous le bras. *Lith. de Lasteyrie.*

1947. Hussard au galop, le sabre à la main. Au bas à gauche, *Ch. Très-rare.*

1948. Un peintre devant un chevalet, peignant une poire.

1949. Un grenadier présentant les armes ; un dragon ; deux cuirassiers dont un coiffé d'un bonnet de police et couvert d'un manteau ; un jeune soldat devant un invalide ; cette dernière coloriée. 4 pièces. *Lith. de Lasteyrie.*

1950. Intérieur d'une baraque de charbonniers francs-comtois. *Lith. de Engelmann.*

1951. L'hospitalité. *Lith. de Lasteyrie.*

1952. Le départ du grenadier. En-tête de romance. *Lith. de Motte.*

1953. Capitaine de grenadiers à pied, grande tenue.

1954. Le beau bras ! C'est comme l'antique.

1955. Le vin de la Comète, avec l'initiale *C.* au bas à gauche.

1956. Paysage. En avant, à gauche, un grenadier le fusil au repos.

1957. Le convalescent ; la femme féroce ; danse polichinelle; à la comète; pousse, pousse, Cadet; l'embuscade, etc. 7 pièces.

1958. J'aime la couleur; les quilles; le magister de notre village; rêver d'ours : le billet de logement; etc. 7 pièces.

1959. Comment, vieux troubadour; combat d'infanterie; laissez-m'en donc un, mon ancien; discours du légionnaire; qui vive! patrouille grise; la pauvre petite est bien à plaindre, etc. 12 pièces.

1960. Chut. Mais pour sage on me renomme; je puis mourir, femme, maintenant; croquis, etc. 14 pièces.

1961. Le guide est à gauche; la vie est une garde; les extrêmes se touchent; qui fête et honore ses maîtres; j' te donne de quoi que j'ai; l'artiste; cré coquin, quelle émeute! Vois-tu, Meret, voilà l'histoire, etc. 14 pièces.

962. J'en mangerais dix comme toi; estimé de ses chefs, adoré de ses camarades; le satané farceur; prends le temps comme il vient; le billet de logement, etc. 27 pièces.

1963. Le brigadier Petremann; le misanthrope; les confrères; la forme avant la couleur; l'ancien est asphyxié; où il y a de la gêne! j'ai perdu ma barbe; il est par trop farceur, le sergent, etc. 20 pièces.

1964. Le roi d'Yvetot; encore un duel; l'amputé farceur; les bonnes voisines; ces petites gens du second; jeune, j'avais des dents; Pingard et Buchette; etc. 19 pièces.

CHARLET (*d'après*).

1965. Deux soldats se tenant embrassés, celui placé à gauche montre le poing d'un air menaçant, par Eugène Leroux.

CHASSERIAU (*Théodore*).

1966. Othello. Suite de 15 esquisses à l'eau-forte.

GOGNET (*Léon*).

1967. 1828. Les tirailleurs. Lith. Delpech.

COINY (*J.*)

1968. Michallon, d'apr. Léon Cognet. In-4° à l'eau-forte.

CONTEMPORAINS (*Artistes*).

1969. D'apr. Corot, Diaz, Marilhat, Meissonnier, Troyon, etc.
80 pièces lithographiées.

COURTY.

1970. 1830. Jeune femme en buste. Lith. Delpech.

DAUBIGNY.

1971. Paysage où l'on voit une noce de village avec violon
en tête; joueur de cornemuse, assis à gauche dans un
paysage; soleil couché; le printemps; cerfs venant
boire; paysage, à gauche un âne chargé de paniers, at-
telages de charrettes le suivant. 7 pièces. Très-belles épr.

DAUMIER (*H.*).

1972. Caricatures. 34 pièces, le plus grand nombre tirées du
Charivari.

DECAMPS (*Alex.-Gabriel*).

1973. Son portrait. Lithographie. Très-belle épr.

1974. Un homme debout appuyé contre une clôture; il tient
un bâton de la main droite; un chien est couché derrière la clôture; jolie petite eau-forte. Épr. superbe.

1975. Les ânes sous le toit, à l'eau-forte. Très-belle épr.

1976. Corps de garde turc, tiré de la *Revue des peintres*; gardeur de porcs. 2 pièces à l'eau-forte.

1977. Le thermomètre, lithographie. - Très-belle épr.

1978. Pasquinade, vue intérieure d'une baraque, coloriée;
la France pleure les victimes. 2 pièces, lithographies.

1979. Voilà ce qui vient de paraître; Liberté (Françoise Dé-
siré); arrêt de la cour prévotale; grands sauteurs. 4
pièces lithographiées. Très-belles épr.

1980

DECAMPS.

1980. Eh! camarade, on n'entre pas en veste, ici, 2 épr.; une
pauv' petite préfecture, s'il vous plaît; classe de français, M. Contrarius; 2 épreuves de cette dernière.
5 pièces, lithographies. Très-belles épr.

1981. L'escalade; le chenil; chasse au furet et à blanc;
chasse en plaine; chasse au loup; retour de la chasse.
6 pièces lithographiées. Très-belles épr. *avec le vu et
approuvé* du chef de la librairie, le 3 octobre 1829.

1982. Les mêmes pièces. Belles épr.

1983. Un chameau chargé, 2 épreuves dont une sur papier
teinté; enfant turc jouant près d'une maison d'habitation; cul-de-lampe au bas d'une romance. 4 pièces.

1984. Intérieur de chenil; la chienne attachée grondant à
la vue de deux enfants. 2 lithographies. Très-belles
épr.

1985. Différents croquis parmi lesquels un homme portant un
fagot; chiens savants; une voiture attelée de deux chevaux; un pêcheur à la ligne; une vieille marchande
de légumes; marchands de légumes ambulants;
11 pièces, lithographies.

1986. Croquis par divers artistes. 13 pièces lithographiées
par Decamps.

1987. Croquis. 6 pièces, lithographies.

1988. Mendiants, croquis, une patrouille à Smyrne, etc.
6 pièces.

1989. Croquis; joueurs de cartes; Arabes sur des chameaux,
etc. 3 lith.

1990. Le savoyard et le singe; une patrouille à Smyrne; le
lièvre et la tortue; une rencontre; les mendiants; le
coup décisif; récréation; le petit savoyard; culs-de-
lampe, etc. 17 pièces lith.

1991. Joueurs de tonneau; le défilé; sortie de l'école;

1992.

bourreaux à la porte d'une prison; poules et coq, etc. 25 pièces.

1992. Deux chevaux, par Soulange Teissier; basse-cour; baigneuses, par Français; paysage oriental, par J. Laurens, etc. 9 lithographies.

1993. Bataille de Mondovi. *Lith. de Motte.*

1994. Les bons amis, gravé par Braquemond; le singe, par Massori; Don Quichotte, par Prévost. 3 pièces.

1995. Les enfants turcs et la tortue; cavaliers orientaux; le singe se regardant dans une glace; la Mort et le bûcheron; les sorcières; quand les cannes vont aux champs, etc., etc. Lithographies par Eugène Leroux. 18 pièces.

DELACROIX (*Eug.*).

1996. Son portrait, d'après lui-même, gravé à l'eau-forte par F. Villot.

1997. Tigre couché dans le désert, à l'eau-forte. Très-belle épr.

1998. La consultation; feuille contenant 12 croquis de médailles antiques; M. Martial Marcet, d'ap. Deveria; un nègre à cheval; la fuite du contrebandier; un guerrier Franc; un lion rugissant; un bonhomme de lettres en méditation. 2 épreuves, dont une avant la lettre. 9 lith.

1999. Hamlet. Suite de 16 pièces. Très-belles épr.
Cette suite a été tirée à petit nombre.

2000. La même suite. Très-belles épr. sur chine.
Les numéros 5, 12 et 15 manquent.

2001. 1834. Jeune homme tenant à la main un médaillon qu'il montre à une jeune femme. Dans la marge, sur le côté gauche, un croquis représentant un buste de jeune femme.

2002. Hamlet, acte V, scène 1re; Jane Shore, acte V, scène 2. 2 pièces.

DELACROIX (*Eug*.).

2003. Macbeth et les trois sorcières.

2004. Combat du Giaour et d'Hassan. Le Giaour arrête son cheval, qui foule aux pieds le corps d'Hassan.

2005. Lion de l'Atlas. Couché dans son antre, il dévore un lièvre. Épr. sup.

2006. Marino Faliero, gravé par Flameng; la Liberté, lith.. par Mouilleron. 2 pièces.

2007. Différents sujets, par E. Leroux, Mouilleron, etc. 18 pièces.

DELAUNEY.

2008. Hôtel de Bourgogne, deux vues différentes; quai de l'Horloge; pont du Carrousel. 4 pièces. Très-belles épr. avant la lettre.

DIVERS.

2009 Charlet, Decamps, Henri Lehm, Eugène Delacroix, Steuben, Richomme. 35 pièces.

2010. Caricatures. 41 pièces.

2011. D'après Rosa Bonheur, Decamps, Delacroix, Gustave Doré, etc. 14 pièces, lith. de Leroux, Mouilleron et autres.

2012. Par Bailly, Lemud, Horace Vernet, etc. 10 lithographies.

2013. Par Demarne, Girodet, Guérin, etc. 25 pièces.

2014. Girodet, Michallon, Carle Vernet, Joshua Reynolds, Forster, Canova, etc. 21 pièces.

2015. Par Hippolyte Bellangé, Dupré, Deroy, Grenier, etc. 26 pièces.

2016. Les arts au moyen âge. 17 pièces, dont plusieurs en couleur.

2017. Par Eugène Leroux, Mouilleron, Célestin Nanteuil. 14 pièces.

DIVERS.

2018. D'après Couture, Gérôme, Robert Fleury, Corot, Français, etc. 75 pièces, tirées en partie de *l'Artiste*.

DORÉ (*Gustave*).

2019. Escalier de l'Opéra à la mi-carême; départ des conscrits; lés chiens du mont Saint-Bernard; la messe des morts à Saint-Jean de Luz; la glace rompue. 5 lithographies.

2020. Album de Gustave Doré. 12 lithographies.

DUPRÉ (*Jules*).

2021. Un berger assis, à l'eau-forte; moulin de la Sologne; pacages du Limousin; port de Plimouth. 3 lith. En tout, 4 pièces.

FIELDING (*Newton*).

2022. Chèvres, lapins, dindons, pintades, etc. Suite de 12 pièces, lith.

FLAMENG (*L.*).

2023. La Californie, barrière Montparnasse. 1859.

2024. Phryné devant ses juges, d'apr. Gérôme. Très-belle épr. avant la lettre.

FRANCIA (*L.*)

2025. Marcius. Home or River Craft. 4 lith.

GAUCHEREL (*Léon*).

2026. Costumes d'Italie, d'apr. les peintures de Barbault à Rome en 1750. Suite de 12 pièces à l'eau-forte.

GAVARNI.

2027. Les Parisiens. Suite de 12 pièces.

2028. Les actrices. 6 pièces.

2029. D'après nature. Suite de 40 pièces.

2030. Musiciens comiques ou pittoresques; physionomie des chanteurs. 22 pièces.

GAVARNI.

2031. Masques et visages. — Messieurs du feuilleton. N⁰ˢ 1 à
9. 9 pièces.

2032. Masques et visages. 11 pièces.

2033. Portraits et sujets divers. 22 pièces.

2034. Le bouquiniste; joueurs d'échecs; joueurs de billard;
pêcheur à la ligne; la tireuse de cartes, etc. 20 pièces
cintrées par le haut. Très-belles épr. avant la lettre,
papier de Chine.

2035. Fleur perdue, un attelage de porteur d'eau, Satan, etc.
14 pièces.

2036. Pièces tirées de *l'Artiste* et de diverses suites. 38
pièces.

2037. De diverses suites, tirées en grande partie du *Charivari*. 108 pièces.

2038. Les Enfants terribles, 45. Les Lorettes, 76. Les Cou-
lisses, 31. Les Artistes, 16. 168 pièces, tirées du *Charivari*.

2039. Paris le matin; M. Loyal; fourberies des femmes; le
carnaval; impressions de ménage; la boîte aux lettres;
les débardeurs; Paris le soir; masques et visages, etc.
241 pièces, la majeure partie tirées du *Charivari*.

GAZETTE DES BEAUX ARTS.

2040. Différents sujets, gravés par Braquemond, Flameng,
Hédouin, etc. 11 pièces.

GEBOREL *(François)*.

2041. Isabey et sa fille; Mlle Brongniart; Mme Bonaparte;
Mme Tallien; Mme Recamier ; Mme de Staël, etc. 24
pièces gravées par Pierre Adam, Bazin, Rosotte, etc.

GÉRICAULT *(Jean-Louis-Théodore-André)*.

2042. Son portrait, lithographié par Deveria. 1824.

2043. Boxeurs. *Lith. de Motte.* Superbe épr. avant le titre
et avant les mots : *Lithog. de Motte. Très-rare.*

GÉRICAULT.

2044. La même pièce. Très-belle épr. avec le titre et les mots : *Lith. de Motte.*

2045. Retour de Russie. Un grenadier manchot tient la bride du cheval d'un cuirassier qui a les yeux couverts d'un bandeau et un bras en écharpe. Signé au bas à droite : *Géricault*; à gauche au-dessous du trait carré, on lit : *Lith. de C. Motte, rue des Marais, faubourg Saint-Germain.* Superbe épr. avant le titre.

2046. La même pièce. Imprimé à deux teintes, avec le titre au milieu du bas. L'indication de *lithog. de Motte* au bas à gauche n'existe plus. On lit au bas : sous le trait carré, à droite : *Au dépôt général de lith., quai Voltaire, n° 7.*

2047. Debout sur un caisson ouvert et démonté, un artilleur, mèche allumée à la main, montre le poing à des Anglais que l'on voit à droite.

2048. Marche dans le désert. Épr. avant le titre.
— La même pièce, avec le titre.

2049. Un chariot, plein de soldats blessés ou mourants, conduit par un charretier, est traîné par trois chevaux, dont l'un mord la croupe de celui qui le précède. Signé à gauche : *Géricault. Lith. de Motte.*

2050. *Various subjects drawer from life and on ston, by J. Gericaut.* Titre des pièces suivantes publiées à Londres, en 1821.
   The Piper; Pity the sorrows; The flemish farrier; The Englisch farrier; Horses exercising; The Coal waggon Entrance of theadelphi wharf; Horses going to a fair (2 épreuves); A party of lifeguards. 11 pièces. *Très-rares.*

2051. Chevaux de ferme, 2 épr. dont une sur papier teinté ; un hangar de maréchal ferrant; un cheval mort ; les boueux. Ces 4 pièces portent toutes, sauf la première, le nom de *Géricault*. Lith. de Engelmann. Chez Mme Hulin, rue dè la Paix, 21.

2052. Une voiture chargée avec un attelage de cinq chevaux, à une descente. 2 épr., dont une sur papier teinté.

2053. Un cheval anglais monté; cheval franchissant une barrière. 2 pièces. Très-belles épr.

2054. Chevaux d'Auvergne. Lith. de Engelmann.

2055. Trompette de chasseurs; charge de cuirassiers; un postillon; un homme conduisant trois chevaux. 4 pièces qui portent à gauche : le nom de Géricault, et à droite : *Lith. de Villain.*

2056. Cheval que l'on promène au moment de la course; la course; cheval de charrette sorti des timons; officier d'artillerie commandant la charge (2 épr. de cette dernière). 5 pièces.

2057. Études de chevaux d'après nature. *Chez Gihaut, boulevard des Italiens, n° 5;* jument égyptienne; chevaux ardennais; cheval de la plaine de Caen (2 épreuves); cheval de Mecklembourg; cheval d'Hanovre; chevaux flamands; cheval espagnol; cheval cauchois, chevaux d'Auvergne; cheval anglais; cheval arabe (2 épreuves). 14 pièces.

2058. Études de chevaux. A Paris, chez Gihaut, éditeur. Suite de 12 pièces.

Ces 12 pièces, reproductions, souvent avec variantes, des lithographies exécutées à Londres, sont en grande partie de la main de Léon Cognet.

2059. Jockey sur un cheval noir qui trotte; marchand de poisson endormi taquiné par des enfants; domestique sur un cheval de course; enfants forçant un âne à marcher. 4 pièces lithographiées à la plume.

GÉRICAULT (*D'après*).

2060. Première pensée du tableau de la Méduse. Lith. par Polydore; lutteurs nus cherchant à dompter des

chevaux au trait, par Colin ; hussard chargeant, par
Eugène Leroux. 3 pièces.

2061. 5 lithographies, différents sujets.

GILBERT (*A.*).

2062. Musico hollandais, d'ap. Adrien Van Ostade.

GIRARDET (*Edouard*).

2063. Revue de la garde nationale, le 28 juillet 1835 (attentat
Fieschi), d'ap. Eug. Lami. En 2 planches.

GROS.

2064. Chef de mamelucks à cheval, appelant du secours.
Très-belle épr. du 1er état, avant le nom de Gros.

2065. Arabe du désert; chef de mamelucks à cheval, appelant du secours. 2 lithographies.

GUDIN.

2066. Essai à l'eau-forte; marines. 6 pièces.
2067. Marines. 5 lithographies.
2068. Marines. 10 pièces.

GUÉRIN (*Gabriel*).

2069. Invention de l'imprimerie. Lithographie. 1827.

HÉDOUIN (*Edmond*).

2070. L'appel des condamnés, d'apr. Muller. Très-belle épr.
2071. Une jeune femme coupant une tranche de pain, d'apr.
Bonvin. Très-belle épr. avant toute lettre. La même
avec la lettre. Les Romains de la décadence, d'après
Couture. 3 pièces.

INGRES.

2072. 1809. M. Mallet, ingénieur des ponts et chaussées, en
pied.
2073. 1824. Odalisque, lithographie originale. Très-belle
épr.
2074. 1825. Cul-de-lampe au-dessous d'une introduction de
Ch. Nodier. Lith.

INGRES (*D'après*).

2075. L'odalisque, par Sudre. Très-belle épr.
2076. M. de Niewerkerke. Très-belle épr. avant la lettre.

ISABEY (*Eugène*).

2077. Vue de Caen; vue de Rouen ; environs de Dieppe;
marée basse ; retour au port ; intérieur d'un port ;
radoub d'une barque ; 8 lithographies.

JACQUES (*Charles*).

2078. La Bergerie, grande et belle composition. Épreuve
d'eau-forte. Superbe. *Très-rare.*

2079. La même pièce. Epreuve d'artiste. *Très-rare.* Superbe.

2080. Le charcutier. Superbe épr. avant le numéro 9 au bas,
à gauche.

2081. Sept sujets sur la même feuille, dont un est biffé.
Très-belle épr. avec le bon à tirer du maître.

2082. La famille, d'apr. Van Ostade. Superbe épr. du 1er état
avec des griffonnements dans la marge du haut.

2083. Bornage de Barbison, le remouleur, le coup de l'étrier,
la nymphe dans le bois, paysages, etc. 13 pièces à
l'eau-forte.

2084. Cour de ferme, où l'on voit une jeune femme apportant à manger à des porcs ; les laboureurs ; gardeur
de porcs; les porcs couchés; la souricière; le travail rustique ; la rentrée des moutons; une ferme ;
Pippeferaris; l'abreuvoir; le petit porcher ; un coin
de cour; pastorale; l'arrivée au champ, etc. 23 pièces à l'eau-forte. Très-belles épr.

2085. 1862. Paysage en largeur. Au milieu une maison
d'habitation près de laquelle on voit une femme conduisant des bœufs à une mare. Épreuve d'essai, très-
belle, *signée au crayon par le maître.*

2086. Le gardeur de porcs; chasse au cerf. 2 lith. par Ch.

Jacques ; une basse cour, par Eug. Leroux, d'après
Jacques. 3 pièces.

2087. Les mois, suite de 12 pièces gravées par Adrien La-
vieille. Sur chine.

La même suite, papier ordinaire.

JOYANT.

2088. Vues prises à Venise. 2 lithographies.
2089. Vue prise à Venise, lithographie. *Rare.* —

LALANNE.

2090. Rue des Marmousets, à Paris. Très-belle épr.

LEMUD (*Alfred d.*)

2091. Maître Wolfrang ; autre lith., par le même. 2 pièces.
209?. Enfance de Callot. Très-belle épr.

LEROUX (*Eugène*).

2093. Lazare à la porte du mauvais riche, d'apr. Adrien
Guignet ; Samson brisant ses liens, d'apr. Decamps.
2 belles lith. Très-belles épr.

MARTIAL.

2094. Vue du quai de la Mégisserie. Très-belle épr. avant
toute lettre.
2095. Hôtel-Dieu, les cuisines. 1868 ; rue de Lourcine. 1867.
2 pièces. Très-belles épr du premier état.
2096. Pilori des halles ; place du Carrousel, place du Palais-
Royal, place du Palais-de-Justice, etc. 19 vues de
Paris.
2097. Lettre illustrée sur le Salon de 1855. Suite de 20
pièces.

MARVY (*Louis*).

2098. Paysage aux trois arbres, d'apr. Rembrandt. 2 épr.
dont une avant la lettre. — Même sujet, gravé par
S. W. Reynolds. 3 pièces.

MARVY.

2098 *bis.* Paysages, d'apr. Rembrandt et autres. 11 pièces.

2099. D'apr. Jules Dupré, Marilhat, Cabat, Corot, Théodore Rousseau, etc. 14 pièces. Très-belles épr.

MEISSONNIER.

2100. Le petit fumeur, charmante. petite pièce. Très-belle épr. avec marges.

2101. La même pièce. Très-belle épr. encadrée.

2102. Le rapport. Jolie petite eau-forte. Très-belle épr.

MEISSONNIER (d'après).

2103. Polichinelle debout. Très-belle épr.

MERYON (*Charles*).

2104. Vue du Petit-Pont et des Tours-Notre-Dame. Superbe épr. du premier état avant toute lettre, tirée sur papier du Japon. *Extrêmement rare.*

2105. La pompe Notre-Dame. Très-belle épr. avant la lettre. *Rare.*

2106. Abside de Notre-Dame de Paris. Très-belle épr. avant la lettre. *Rare.*

2107. Partie de la Cité, d'apr. un ancien dessin. Superbe épr. avant la lettre. *Très-rare.*

2108. Rue des Chantres. Superbe épr. avant toute lettre. *Rare.*

2109. La même pièce. Très-belle épr. avec la lettre.

2110. Tourelle dite de Marat. Superbe épr. avant que les figures en l'air à droite aient été effacées, et avant le changement de texte dans la marge du bas. *Très-rare.*

2111. La rue Pirouette. Superbe épr. du premier état, avant les noms des artistes au bas sous le trait carré, et avant que le mot Jamet dans le haut à droite ait été effacé. *Très-rare.*

2112. Bain froid Chevrier. Très-belle épr. avec les vers, qui ont été supprimés après un tirage de 50 exempl.

MERYON (*Charles*).

2113. Vue du Louvre, d'apr. Zeeman. Sup. épr. avant toute lettre.

2114. Le grand Châtelet de Paris. Très-belle épr.

METZSMACHER.

2115. L'odalisque, d'apr. Ingres.

MICHALON.

2116. Paysage, on voit au milieu un pont. Lith. de Lasteyrie.

MILLET.

2117. Journalier conduisant du fumier sur une brouette. A l'eau-forte. Très-belle épr.

MONNIER (*Henri*).

2118. Répertoire du théâtre de Madame. 4 pièces coloriées.

MOREL-FATIO.

2119. Pêcheurs de Calais; petit lougre; pilote du Havre; vapeur armé en guerre. 4 pièces.

MOUILLERON (A.).

2120. La ronde de nuit, d'apr. Rembrandt. Lith. Très-belle épr. avant la lettre.

2121. Intérieur d'école; composition d'un grand nombre de figures, d'apr. Robert Fleury; singe monté sur un âne, d'apr. Stewens; un singe peignant un paysage, d'apr. Decamps, par Soulange-Teissier. 4 pièces.

2122. D'apr. Robert Fleury et Meissonnier. 7 pièces; plus 2 pièces, par E. Leroux.

2123. Stradivarius, d'apr. Hamman. Lith.

MOYEN AGE ET RENAISSANCE.

2124. 37 pièces, chromo-lithographies.

NANTEUIL (*Célestin*).

2125. Un mourant, défendu par son ange gardien contre

11

le démon ; bal masqué. 2 pièces à l'eau-forte. Très-belles épr.

NIEL (*Gabrielle*).

2126. Hôtel-Dieu de Paris, 2 épr. dont une sur chine ; maisons de la rue du Cloître-des-Bernardins, avant la lettre.

PAUQUET (*H.*).

2127. Marie-Antoinette ; impératrice Eugénie. 2 portraits en pied. In-4°. Très-belles épr. avant la lettre.

2128. Modes et costumes historiques. 46 pièces coloriées.

PROUT (*S.*).

2129. Vue prise à Coblentz ; à Worms. 2 lith.

PRUD'HON (*P.-P.*).

2130. Une famille malheureuse, lithographie originale ; tirée de l'*Album-Journal*. Très-belle épr.

2131. Jeune fille becquetée par une colombe. Très-belle épr.

2132. Figures pour l'*Art d'aimer*, suite de 4 pièces. Très-belles épr. avant la lettre. Phrosine et Melidor, gravée par Prud'hon, les trois autres par Beisson et Copia.

2133. En jouir, pièce de la suite de *l'Art d'aimer*, gravée par Copia. Superbe épr. avant la lettre, tirée à l'encre rousse.

2134. Une nymphe, en-tête de la préfecture de la Seine. Superbe épr. avant toute lettre. *Très-rare.*

2135. Daphnis et Chloé. 2 pièces gravées par Roger. Très-belles épr. avant la lettre.

2136. Daphnis attirant Chloé ; Aminta ; jeune fille attachée à un arbre, ces deux dernières avant la lettre. 3 pièces.

2137. Léda, gravée par Roger. Très-belle épr.

2138. La Liberté, gravée par Copia. Très-belle épr.

2139. Triomphe de l'empereur Napoléon Ier, gravé par Rogcr. Superbe épr. avec les noms des artistes à la pointe.

2140. L'enlèvement d'Europe, au trait.

2141. Le Christ portant sa croix, gravé par Roger. Très-belle épr. avant la lettre.

2142. Christ en croix, gravé par Reynolds. Belle épr.

2143. Fuite de Marie-Louise; gravé par Flameng. 2 épr. dont une avant la lettre.

2144. Vénus et Adonis; enlèvement de Psyché; les saisons; Thémis. 5 pièces lith. par Boilly et Aubry Lecomte.

2145. Vénus et l'Amour sur un char; Joseph et la femme de Putiphar. 2 pièces lith. par Boilly.

2146. Joseph et la femme de Putiphar : l'Amour tenant une balance, le rêve, la caresse, l'égratignure, Daphnis et Chloé, la danse, jeune femme nue debout, etc. 13 pièces; lithographies.

2147. Le Zéphir, lithographié par Grevedon. Le même sujet, gravé par Sixdeniers. 2 épreuves, dont une avant la lettre.

2148. Les vendanges, 2 épr.; les petits dévideurs; les petits fileurs; Vénus et l'Amour sur un char; la soif de l'or, etc. 9 pièces lithographiées par Aubry-Lecomte.

2149. La justice divine poursuivant le crime. Belle épr.

RAFFET.

2150. La Bastille; 5 et 6 octobre; Mirabeau recevant l'envoyé de Louis XVI. Le serment du Jeu-de-Paume. 4 pièces à l'eau-forte.

2151. Une bataille, petite pièce à l'eau-forte. Très-belle épr.

2152. Albums lithographiques, par Raffet, de 1830 à 1837. Chaque album comprend 13 pièces, y compris le titre, à l'exception de l'année 1837, dont l'album n'a que 11 numéros. Le tout formant un beau recueil in-fol, oblong demi-reliure, dos maroquin rouge.

RAFFET.

2153. Si de la première parole je ne vous dis pas la vérité, Messieurs....; le dentiste; Messieurs, pour avoir sauvé la patrie nombre de fois... 3 pièces lithog.

2154. Potier, rôle de Pinson, dans *Pinson père de famille*.

2155 Le vin est le soutien de l'ouvrier ; pour avoir sauvé la patrie. 2 pièces.

2156. Caricature à propos des poursuites contre la presse républicaine, sous le gouvernement de Louis-Philippe. Très-belle épr.

2157. Ces croûtes-là en font manger d'autres ; le mercredi des Cendres ; ma fille, la contrariété me tourne sur le cœur ; ah ! voilà papa ; récompense honnête. 5 pièces.

2158. Némésis, assise sur un cheval noir fantastique qui bondit à travers l'espace. Elle entraîne à sa suite un vol de spectres décharnés.

2159. La dernière charrette ; 13 vendémiaire ; tambour, sentinelle, soldats en marche, etc.

2160. Prise du fort Mulgrave ; charge de hussards républicains ; carré enfoncé ; Lutzen ; demi-bataillon de gauche, joue ! feu !.. chargez ! Waterloo. 6 pièces.

2161. Infanterie polonaise marchant à l'ennemi.

2162. La communion des Grecs à Missolonghi.

2163. Retraite du bataillon sacré à Waterloo. Très-belle épr.

2164. La même pièce. Très-belle épr.

2165. *C'est la grande revue...* L'une des plus belles pièces de l'œuvre de Raffet. Très-belle épreuve.

2166. La même pièce. Très-belle épr.

2167. Le réveil. Très-belle épr. sur chine.

2168. La même pièce. Très-belle épr.

2169. Marche d'une division. Sur papier teinté.

RAFFET.

2170. Combat d'Oued-Alleg, l'une des plus belles pièces de Raffet. Très-belle épr. sur chine.

2171. La même pièce. Très-belle épr. sur blanc.

2172. Le drapeau du 17e léger. Très-belle épr. sur chine.

2173. Retraite de Constantine. 6 pièces. Très-belles épr.

2174. Marche sur Constantine, 1837. Les Arabes signalent l'approche de l'armée française, batterie couverte, assaut, fuite des Arabes, revue après la prise de Constantine. 6 pièces.

2175. Serrez les rangs; vive la République; Sire, vous pouvez compter sur nous ; la consigne ; attention, l'Empereur a l'œil sur nous ; abordez l'ennemi ; à ce jeu-là on n'attrape que des coups ; convoi militaire ; marche d'une division. 9 pièces.

2176. Représentant du peuple à l'armée du Rhin, le moral est affecté chez l'Autrichien, le représentant a dit : avec du fer et du pain...; il est défendu de fumer, l'ennemi ne se doute pas que nous sommes là, ordre du jour, de quoi vous plaignez-vous? 7 pièces.

2177. Bonaparte en Egypte, les adieux de la garnison, le camp, la veille, le lendemain, la tentation, sauve qui peut. 7 pièces.

2178. Nous avons la victoire, manœuvre à la prolonge, Moscowa, pauvres enfants ! j'veux qu'il me batte, moi! le dessert, les chagrins domestiques me minent; vous êtes bien long, jeune homme; le père Riboule, le portrait, ah! c'te balle! le bouillon du passage, le guide, etc. 16 pièces.

2179. Scènes de mœurs, Hongrie, Valachie, Crimée, etc. 45 pièces. Plusieurs sont doubles.

2180. Souvenirs d'Italie. Expédition de Rome. Suite de 36 pièces.

RAFFET.

2181. Assez. Episode de la campagne de Russie, d'après Charlet, par J. Laurens. 3 pièces.

2182. Le cri de Waterloo ; le défilé nocturne, apothéose de Napoléon, fac-simile par Emile Bry. 3 pièces.

RIFFAUT.

2183. Portraits de jeunes femmes du temps de Louis XIV. 2 pièces. Très-belles épr. avant la lettre.

ROBERT (*Léopold*).

2184. Jeune femme assise, jeune mère tenant son enfant, un joueur de guitare. 3 lith.

SCHEFFER (*Ary*).

2185. Allons!... Le vieux pâtre. 2 lithographies.

STAAL (*G.*).

2186. J.-C. Brunet, J.-M. Querard. In-4° sur chine. 2 pièces. Très-belles épr.

THOMAS.

2187. Fêtes, scènes de mœurs en Italie. 7 pièces lithog.

VERNET (*Carle*).

2188. Concert d'amateurs, la prise de tabac, chiens, chevaux. 12 pièces.

2189. Jument persane, cheval limonier, un Turc tenant deux chevaux harnachés. 3 pièces.

2190. Le visir Murad-Bey. 2 pièces.

VERNET (*Carle et Horace*).

2191. L'âne portant des reliques, les deux mulets, le loup devenu berger, la pétarade, l'homme entre deux âges, l'écolier, le pédant et le maître d'un jardin, la Fortune et le jeune enfant, magasin de Delpech, C. Vernet en pied, P. Guérin, etc. 15 pièces, lithographies.

VERNET (*Horace*).

2192. Mohamed-Ali, pacha, vice-roi d'Egypte, à cheval.

2193. Lancier à cheval; soldats jouant à la drogue, les suites du jeu de drogue, la réconciliation; mon caporal, j'n'ai pu avoir que ça; qui dort dîne, sujets de chasse, etc. 18 pièces.

TABLEAUX.

BELLANGÉ (*Hippolyte*).

2194. Soldat en faction, appuyé sur son fusil. Joli petit tableau signé, avec la date 1835. *J.*

H., 0ᵐ 27 ; L., 0ᵐ 21.

(FLEURY (*Robert.*)

2194 *bis*. Jeune homme endormi, signé.

H., 0ᵐ 21 ; L., 0ᵐ 27.

DESSINS.

BARBIERI, *dit le* GUERCHIN.

2195. Saint Jean Baptiste tenant une croix avec une banderole sur laquelle est écrit : *Agnus Dei*. Dessin à la plume.

BELLANGÉ.

2196. Vieillard marchand appuyé sur l'épaule d'un jeune garçon. Jolie petite aquarelle signée, avec la date 1834. *J.*

2197. Un vieux marin ayant une pipe à la bouche, et tenant par la main un jeune garçon. Jolie petite aquarelle signée, avec la date 1834. *J.*

2198. Un homme coiffé d'un chapeau de paille et portant un sac sur le dos; près de lui un petit garçon et une petite *J.*

fille. Jolie aquarelle signée, avec la date 1834. Encadrée.

BENARD.

2199. Voiture chargée, attelée de quatre chevaux. Aquarelle.

BOUCHER (F.).

2200. Buste de jeune fille vue de profil. Dessin à plusieurs
crayons.

BRIL (Paul).

2201. Paysage, avec vue d'une ville dans le fond à gauche.
Beau dessin à la plume, lavé.

CHARLET.

2202. Tribunal révolutionnaire, au fond trois juges assis;
sur le devant à droite, un greffier coiffé du bonnet
phrygien debout et paraissant lire un acte d'accusa-
tion; à gauche, un officier général debout, ayant un
bras en écharpe. ⸺

CICERI (Eugène).

2203. Vue d'un port de mer. Aquarelle.

DIVERS.

2204. Un moulin à vent; paysage avec cours d'eau, marine,
etc. 7 dessins.
2205. Etude d'arbres près d'une pièce d'eau, vue prise à Au-
nay; vue de Genève, aquarelle. 2 pièces.

DURAND (André).

2206. 1834. Vue d'un village sur une hauteur à droite, où
domine une église; vue prise à Honfleur en 1832.
Dessin anonyme. 2 dessins au crayon noir.

FIELDING (Newton).

2207. Une marine, dessin sous verre.

FLERS.

2208. Paysage. A gauche un terrain élevé borné par un fleuve

sur lequel on voit plusieurs embarcations. Dessin au
crayon noir sur papier teinté.

GARNERAY.

2209. Vue prise en Normandie. Aquarelle.

GAVARNI.

2210. Homme du peuple paraissant ivre, tenant un verre.
A la plume, encre rouge et noire.

2211. Homme debout vu jusqu'aux genoux. Dessin à la
plume, à l'encre rouge et noire.

GIRARDET.

2212. Gabrielle-Louise de Saint-Simon, duchesse de Brissac ;
Anne-Marie Martinozzi, princesse de Conti, par L. Mas-
sard ; Françoise Madeleine d'Orléans, duchesse de
Savoie, par Sandoz. 3 dessins à la mine de plomb.

GODEFROY (F.)

2213. Vues prises à Rouen. 2 petits dessins très-fins.

GRAILLY (de).

2214. Un paysage. Jolie aquarelle encadrée.

GOYEN (J. Van).

2215. Une tour en ruines sur les bords de la mer. On voit,
vers le milieu du devant, une barque montée par des
pêcheurs. Beau dessin. — Autre dessin Vue prise
aux bords de la mer. On voit vers la gauche un bateau
monté par deux hommes.

HERVIER.

2216. Vue d'un village ; on voit, vers la droite, un moulin
à vent. Aquarelle sous verre.

HOGUET.

2217. Bords de la mer ; on voit plusieurs figures sur le devant. Jolie aquarelle encadrée.

HUET (J. B.).

2218. 1788. Un âne debout près d'un bât placé à terre. A la plume, lavé.

2219. Frise d'enfants. Joli dessin à la sanguine.

ITALIE (Ecole d').

2220. Mariage mystique de sainte Catherine; la Mort plaçant une glace sous les yeux d'une femme couchée; autre composition. 3 dessins.

2221. Sainte Famille où l'on voit à gauche un ange apportant des fruits à l'Enfant Jésus. Dessin à la plume.

JACQUES (Ch.)

2222. Un joueur de guitare, dessin signé. L'eau-forte du même sujet.

JOHANNOT (Tony).

2223. Trois paysannes en conversation sur les bords de la mer. Aquarelle.

LAGRÉNÉE.

2224. Nymphes offrant des fruits à un guerrier.

LANGLOIS (È. H.).

2225. Un chanteur ambulant jouant du violon, derrière lui sa femme avec un bâton en croix où sont suspendus des chapelets. Joli dessin colorié à plusieurs tons.

2226. Mendiant tendant son bonnet. Dessin à la plume.

2227. Vieille femme debout; à ses pieds on voit un squelette qui lève des bras décharnés et la saisit par ses vêtements; derrière elle on voit la tête d'un démon. Intérieur de monument religieux. Sur le piédestal d'une colonne, on voit la Mort mettant la main sur un évêque. 2 dessins.

2228. Église en ruine; vue d'un ancien château; 2 dessins.

2229. Paysage. On voit à gauche une cathédrale; autre paysage où l'on voit à gauche un moulin à vent. 2 dessins lavés de bistre.

LANGLOIS (*Polyclès*).

2230. 1817. Assomption de la Vierge. Dessin à la plume, dédié à son ami de la Neuville.

2231. Vue de Caudebec en Caux.

2232. Cathédrale de Rouen; vues de Normandie. 8 dessins.

LANTARA.

2233. Paysage. On voit un pont à gauche, et à droite sur une hauteur, la flèche d'une cathédrale.

LECLERC.

2234. Costume de femme époque Louis XVI. Joli dessin colorié.

MASSON.

2235. Vue prise à Rouen; autre vue, dessin par Gustave Morin.

MORIN (*Gustave*).

2236. 1833. Deux jeunes garçons, montreurs de marionnettes. L'un est assis, et l'autre à genoux devant lui.

2237. Femme debout tenant un panier sous un bras, petite fille près d'elle.

2238. Vieille femme assise, ayant un panier à ses pieds; près d'elle un jeune homme. Aquarelle encadrée.

2239. Deux soldats en gaîté. Aquarelle.

NOVELLI (*P. Ant.*).

2240. Jolie composition où l'on voit dans le bas deux jeunes filles regardant deux colombes se becquetant, et dans le haut à droite des Amours entourant le dieu Pan de guirlandes.

PORTER (*Jean-Baptiste*).

2241. Jeune homme jouant de la flûte, assis près d'une jeune femme. Joli dessin à la sanguine.

PORDENON (El.).

2242. Buste de jeune femme. Beau dessin.

SAFT LEVEN.

2243. Paysage ; à gauche une colline boisée ; au fond du même côté, des rochers.

TRAVIES.

2244. Deux vagabonds assis ; un gourmand indisposé 2 dessins.

VILLERET.

2245. Cathédrale d'Evreux. Jolie aquarelle.

WATTEAU DE LILLE.

2246. 1788. Deux bustes de femmes dessinés sur la même feuille, avec coiffures. On lit en haut : *Le bonnet est de Mlle Mignot au Palais-Royal.*

WILLE (J.-G.).

2247. Rameau. On lit à la droite de ce portrait : *Rameau, mon élève en 1796. Il est de Paris.* J.-G. Wille.

HISTOIRE DE LA MAISON DE BOURBON.

2248. Suite de vingt portraits dessinés au crayon noir et rehaussés de blanc, sur papier bleu. Cette suite se compose des personnages dont les noms suivent :

Henri IV, à l'âge de 19 ans ; — Ch. de Bourbon, premier du nom, duc de Vendôme ; — Antoine de Bourbon, roi de Navarre ; — François de Bourbon, comte d'Enghien ; — Jeanne d'Albret, reine de Navarre ; — Louis de Bourbon, premier du nom, prince de Condé ; — Marguerite de France, reine de Navarre ; — Charles, cardinal de Bourbon ; — François de Bourbon, duc de Montpensier ; — Charles de

Bourbon, comte de Soissons ; — Charlotte-Catherine de la Trémoille, princesse de Condé ; — Blanche de Bourbon, femme de Pierre le Cruel, roi de Castille ; — Jean Ier, duc de Bourbon, mort en Angleterre après 19 ans de captivité ; — Béatrix de Bourgogne, fille de Jean, duc de Bourbon, épouse de Robert, comte de Clermont, fils de saint Louis : c'est de ce mariage qu'est issue la branche de Bourbon ; — saint Louis, roi de France ; — Louis II, duc de Bourbon ; Louis Ier, duc de Bourbon ; — Pierre II, duc de Bourbon ; — Charles, connétable de Bourbon ; — le chevalier Bayard.

Ces vingt dessins sont renfermés dans un vol. in-fol. maroquin vert, dentelé, tranches dorées, aux armes de France.

Tabourdin gérard

Orleans rue Royale